对自己的生活说是

「彩虹哲学」丛书主编 苏德超
【德】尼采 著 包向飞 编译

中国文联出版社

图书在版编目（CIP）数据

对自己的生活说是 / （德）尼采著；包向飞编译. —北京：中国文联出版社，2022.4（2023.04 重印）

（彩虹哲学 / 苏德超主编）

ISBN 978-7-5190-4848-8

Ⅰ.①对… Ⅱ.①尼… ②包… Ⅲ.①尼采(Nietzsche, Friedrich Wilhelm 1844-1900) —哲学思想—通俗读物②幸福—通俗读物 Ⅳ.① B516.47-49 ② B82-49

中国版本图书馆 CIP 数据核字 (2022) 第 052168 号

对自己的生活说是

丛书主编：苏德超
原　　著：【德国】尼　采
编　　译：包向飞
责任编辑：张超琪　黄雪彬
特约编辑：黄博文　张维祥
责任校对：张　红　肖　纯
装帧设计：有识文化

出版发行：中国文联出版社有限公司
社　　址：北京市朝阳区农展馆南里 10 号　　邮编：100125
网　　址：http://www.clapnet.cn
电　　话：010-85923091（总编室）　　010-85923058（编辑部）
　　　　　010-85923025（发行部）
经　　销：全国新华书店等
印　　刷：三河市龙大印装有限公司

开　　本：787 毫米 × 1092 毫米　　1/32
印　　张：6.5
版　　次：2022 年 4 月第 1 版
　　　　　2023 年 4 月第 2 次印刷
书　　号：ISBN 978-7-5190-4848-8
定　　价：38.00 元

版权所有　侵权必究
如有印装质量问题，请与本社发行部联系调换

丛书序：幸福、快乐与生命的满足

"你幸福吗？"

这有点不好回答。我们更愿意回答的问题是："你快乐吗？"后一个问题直截了当。幸福是一个更私人的话题，不能随随便便就讲出来。但快乐不同，快乐可以写在脸上，渗在声音里。趋乐避苦是人的本性。尤其是当下的快乐，对所有人都具有强大的吸引力。它好像是一个终点，我们愿意停在那里。美味的食物、动听的音乐、曲折的故事、刺激的游戏……这些东西让我们沉醉。就算过去了，我们还津津乐道。

但是，快乐并不是终点，而只是人生旅途的一座座小站。几乎没有人一直沉迷在快乐中。一则快乐的边际效用会递减，重复的快乐让人乏味；二则快乐有成本，而快乐本身不足以支付这个成本。于是，为了快乐下去，我们必须抛开当下的快乐。有点悖理，却是事实。

离开当下的快乐，我们要到哪里去？常见的回答是下一站快乐。然而，在到达下一站之前，我们干什么呢？大多数人将不得不努力工作，或者努力学习，这样才能支付未来的快乐成本。心理学家发现，那些主动延迟即时满足感到来的儿童，长大后更容易获得世俗意义上的成功。忙着吃巧克力的孩子，不但会吃坏牙，而且也浪费了本可以用于学习的时间。隐忍、坚毅在哪一种主流文化中都是美德：对唾手可得的快乐视而不见，努力，再努力，直至想象中的更大快乐出现。本性要求趋乐避苦，文化却号召我们吃苦耐劳。重要的不是眼前的、看得见的快乐；而是未来的、看不见的快乐。有点赌博的意味，但经济和文化却因此繁荣起来。拼搏的人生才是最有意义的。拼什么？拼工作，拼学习。

事实上，一些人是如此的拼，以至于他们几乎总是把眼前的收益贮存起来，不急于兑付，以等待更大的快乐出现。更大的快乐里面，有家庭，有事业，有意气风发的壮年，有平淡而充实的老年。他们不但希望自己这样，也希望自己的孩子这样。甚至为了孩子，不少人放弃了自己对快乐的追求。身边的人意气风发，他们隐忍；身边的人志得意满，他们隐忍。隐忍的目的，只是为了孩子能有一个好的环境，可以刻苦学习，以便长大以后能找个好工作。自然，长大以后，这些孩子也会有他们的孩子。可以想见，他们大概率会走在同一条路上。

这就让人想起下面这则故事。从前有个放羊娃，每天辛辛苦苦地放羊，让羊长肥，长肥了就可以赶到集市上卖钱，有了钱就可以买更多的羊崽来放，有更多的小肥羊，卖更多的钱，直到这些钱足够娶媳妇，娶了媳妇就可以生孩子，生的孩子就又可以放羊了……看出来了吧，我们每个人都是放羊娃，只是工种不同而已。放羊自然是想得到快乐，但为了更大的快乐，我们忘记了快乐，只记得放羊了。放羊就是我们的工作。

人生就这样代际循环。海德格尔曾经这样总结亚里士多德的一生：他出生，他工作，他死去。人生的循环，概莫能外。一代一代的人，他们出生，他们工作，他们死去。从表面上看，工作联结着出生与死亡。但是很明显，工作的意义，并不是去充当从出生到死亡的摆渡者。为什么要工作啊？因为这样就可以走向死亡了。这也太荒唐了。凡是来到世间的，终将离开。工作还是不工作，都不会改变这一点。

我们工作，显然是因为我们另有所求。

这个所求当然包括快乐。最常见的快乐包括物质的享受、权力的攫取和知识的追求。更好的工作会带来更多的财富，财富愈多，物质保障愈好，我们愈能免于饥寒之迫，疾患之苦；身体无苦痛，那是何等的轻松。更好的工作，往往能带来更大的权力，让我们能影响更多的人；一呼百应，旌旗如云，那是何等的快意。更好的工作，可以让我们知道得更多，不被无明掩蔽；一切了然于胸，那是何等的畅然。从某个意义上理解，生命就是一场自我体验。注重快乐，会让我们活得内在一些。生命，不是用来张扬的，而是用来过活的；它不是别人眼中的风景，而是自己心头的喜悦。

但事情似乎没有那么简单。物质的丰富、权力的大小和知识的渊博跟快乐的关系并不密切。不是说财富越多、权力越大、见闻越广就越快乐，忧心忡忡的富人、提心吊胆的当权者、郁郁而终的学者并不少见。人类学家发现，都市里的白领并不比丛林中的原始人更快乐。

况且，快乐不一定好。快乐是一种当下感觉。人生跟着感觉走,就像开车完全相信自动导航,有时反而到不了目的地。一些快乐是危险的歧路，在感官上诱惑我们，使我们精疲力竭，茫然无措，老子说，"五色令人目盲，五音令人耳聋"；一些快乐是失意的安慰，只让我们暂时避开伤痛，舒张心意，罗隐说"今朝有酒今朝醉，明日愁来明日愁"。这样的快乐，很可能并不值得艳羡，反倒应该同情。

再者说，就算是那些生活中正面的快乐，如果我们执着于它们，很可能就会错过对更深层目标的追求。很多老人在儿孙满堂时回顾自己的一生，平平安安，快快乐乐，一直过着邻居们倾慕的生活，却依旧怅然若失：读书时，为了保险起见，没有填报更合意的学校；工作时，刚刚新婚，拒绝了外派的机会；中年升职，选择了不那么劳累但也不那么出彩的岗位……他们没有做错什么，所以他们一点儿都不后悔。他们又似乎因此错过了什么，所以他们不免有些失落。

回到前面的问题：你幸福吗？要是你不快乐，差不多你并不幸福。快乐是重要的。但是，只有快乐，我们也会有失落的时候，如果生命当中还有一些事情来不及成就，我们就并不心满意足。哲学家们认为，幸福，既指快乐，更指生命的满足。我们要的不只是当下的快乐，更是生命的满足感。心满意足，胜过任何肤浅的快乐，胜过物质、权力和知识。快乐是短暂易逝的。在恋人肩头痛哭一晚，缠绵悱恻的快乐会随着这一晚的过去而消逝，但因此带来的心满意足却是长久的，它将会在回忆中不断地为日渐消瘦的生命注入能量。心满意足了，你就幸福了，哪怕目标没有达到，哪怕人生的烛火就要熄灭。

怎样才能度过心满意足的一生，这是我们面临的最为重要的问题；长期以来，也是哲学的主要课题之一。对此几乎所有重要的哲学家都有过论述。本套丛书选编了西方哲学史上有代表性的七种回答。柏拉图说，"善"是统治世界的力量，我们应该全面地"善"待自己和他人；亚里士多德说，我们应该让自己的生命"兴旺发达"，过理性沉思的生活，活出"人"的样子；斯多葛主义者说，不要放纵盲目的欲望，要跟自然一致；奥古斯丁说，相信点什么比什么也不信强，相信这个宇宙的设计者则会得到至福；卢梭说，真实地活在自己的世界中，不要让欲求超过自己的能力；尼采说，追求自己的事业，跟痛苦"正面刚"；罗素说，有感情，但不要感情用事。在选编中，我们尽量去掉了过于理论化和技术化的部分，希望这套书能够给大家提供人生的镜鉴。

　　所有的雨后，都可能出现彩虹，只要有阳光，只要我们站在恰当的地方。雨，是所有的挫折；阳光，是我们对生命的热爱；哲学家们的思考，则是到达这些恰当地方的路线图。

苏德超 2020 年 4 月于武汉

目录

导言
迷醉的幸福　001

I

《快乐的科学》——节选

/ **幸福是斗争给予的** / 自从有一种风成了我的阻力,我就凭借所有的风扬帆而行。
015

/ **重估一切价值的高贵** / 处理内心的良心谴责比处理自己糟糕的声誉要容易得多。
020

/ **上帝死后的道德影子** / 生活不是论证。在现实生活的条件下,错误可能存在。
038

/ **文化批判和肯定生命** / 总而言之,言而总之,我愿只是一个肯定生命的人。
045

II

《瓦格纳事件：一个音乐家的问题》——节选

/ **为理念服务的艺术是颓废的** / 他的音乐不仅仅意味着音乐！而是更多！无穷无尽的更多！
063

/ **上升生命的美德** / 怀着极大的喜悦对自己说"是"。
068

III

《偶像的黄昏》——节选

/ **反对"理性＝美德＝幸福"** / 那杀不死我的，使我更强壮。
075

/ **反对制造概念木乃伊**　　／ 未知的、不可到达的东西怎么能够约束我们呢?
080

/ **自由意志的发明与定罪**　　／ 所有迄今据说已经把人类变得道德的手段,从根本上讲,都是非道德的。
086

/ **迷醉的本质就是力量的上升和充满**　　／ 人们为之而斗争的,不是生存,而是权力。
093

/ **反对颓废的道德**　　／ 道德总是一张让人削足适履的床。
101

IV

《查拉图斯特拉如是说》——节选

/ **精神的三种变形:骆驼、狮子和小孩**　　／ 为自己创造自由,即使在义务面前也能说出神圣的不。
113

/ **查拉图斯特拉说形形色色的人和事** / 爱中常常有疯狂,而疯狂中也常常有理性。
117

/ **在寂寞中重新开始** / 只有在最寂静的夜里,露水才滴落在青草上。
166

/ **对高等人的克服** / 我最后的罪恶是同情,对高等人的同情。
173

编译后记 | 191

导言：迷醉的幸福

幸福似乎是每个人都在追求的。但是对于什么是幸福，人们的观点并不完全一致。对于一些人来说，美食意味着幸福；对另一些人来说，财富意味着幸福；还有一些人认为，身体健康才是幸福；也许还有一些哲学家会认为，哲学沉思才是最高的幸福。正如德国哲学家康德所言，幸福是一个"不确定的概念"。

如果允许我们更加抽象一些，我们大致可以这样来理解幸福：幸福是一种持续的满意状态。这种对幸福的理解的好处是，我们可以不去关心人们具体满意什么，而只是把幸福和这种满意状态相关联。这样我们就可以避免幸福概念的不确定性。此外，还需要提醒的是：幸福（应当）是持续的，因为我们希望幸福并不是一种短暂的快乐。比如，放纵并不带来幸福，因为放纵带来的只是短暂的快乐。

但这个抽象的对幸福的理解会带来这样一个问题：幸福的生活和有道德的生活可能不一致。因为：一个毫不顾忌他人的自私自利者可能是很幸福的；与此相对的是，一个道德上无可指摘的生活却有可能不是通往幸福的保证。这就和我们对幸福的直觉有些相悖。

此外，"持续"是一个很难保持的状态。对于生活在世界上的人来说，总是存在着这样那样的影响，这些影响都可能打断这一"持续"。古希腊的斯多葛派就有这样的建议，人们应当对外界的各种影响保持不动心的状态，因为冷静才是通往幸福的黄金道路。

但是直觉却告诉我们，幸福仿佛不可能与外界无关，尤其是不可能和他人无关。我们的行为（生活）需要他人的反馈，尤其是他人的理解或认可。被他人理解对幸福来说仿佛是不可或缺的。孤独者很难有真正的幸福。此外，斯多葛派式的过多的情绪管理会让人失去对新鲜的和不同的经验的敏感，过多的情感压抑也会让人失去很多生活中的乐趣。

可见，对幸福的讨论总是很困难的，但正因为如此，多听一些大哲对幸福的理解也是有益的。尼采是如何理解幸福的呢？

首先，尼采所理解的幸福并不是人们一般所理解的日常的（小）幸福。他也并不是完全反对这样的幸福，比如，尼采并不反对健康的身体和良好的睡眠，但他认为完全以健康的身体或良好的睡眠为最高目的的幸福是愚蠢的。尼采在《查拉图斯特拉如是说》中谈到了一个精通睡眠的智者，谈到了良好的睡眠和美德以及幸福的关系。在这些段落中尼采的语气是幽默的和讽刺的，但其中也并不缺乏对睡眠和美德（幸福）之关系的真知灼见。尼采也并不否定这个精通睡眠的智者是幸福的，甚至他还认为住在这个智者近旁的人都已经是幸福的。但所有这一切都不妨碍尼采认为这个智者是个蠢货。很显然，尼采并不认同这样的幸福——普通人的小幸福。

进而，我们还可以看到，尼采不认同（或者说反对）任何一种以某个既定的事物为最高目标的幸福。作为一个坚定的形而上学的反对者，尼采不提出任何清楚的理念和任何清楚的目标，比如"超人"在尼采的哲学里并不是一个内涵清楚的理念（概念），因此，尼采不可能一直追求一个确定的东西（比如一个确定的理想）。虽然尼采本人给出过这样的"幸福公式：一个是，一个否，一条直线，一个目标"，但事实上，尼采从来都没有对"这个目标"进行过清楚界定，他只是清楚地说过"我的命令就是，人是应被克服的某种东西"。但这只是一个否定性的说法，而不是一个正面的定义。可见，尼采反对任何一个既定的、清晰的目标，进而他也反对以这一目标为最高追求的幸福。在《快乐的科学》中，尼采曾这样谈及自己所认为的幸福："自从我寻找得累了，/我就学会了发现。自从有一种风成了我的阻力，/我就凭借所有的风扬帆而行。"可见，尼采的幸福并不被一种既定的风所阻碍，它可以凭借所有的风前行。就确定的目标而言，尼采的幸福观是灵活的。

正因为如此，和普通的人所认为的幸福相比，尼采眼中的幸福不是那样的卑微和小家子气，他眼中的幸福是带刺的玫瑰——虽美丽可人，但也爱嘲弄和诡计。在《快乐的科学》中尼采写道："是的！我的幸福——它想使人幸福，/所有的幸福都愿人幸福！/你们愿意采摘我的玫瑰吗？/你们必须得在岩石和荆棘丛中／弯腰躲藏吗？/你们必须经常舔弄你们的小指头吗？/因为我的幸福——它爱嘲弄！/因为我的幸福——它爱诡计！/你们愿意采摘我的玫瑰吗？"

和普通人所理解的幸福相比,尼采眼中的幸福也不是那样的和谐和平静,尼采写道:"人间的所有幸福,/我的朋友,都是斗争给予的。/是的,为了成为朋友,我们需要战争的硝烟!/统一如下三者就是好朋友:/困苦面前的兄弟,/敌人面前的同志,/死亡面前的——自由者!"

其次,尼采眼中的幸福并不需要大众的理解,更不需要大众的认同。在尼采看来,大众是胆小的,大众还是简单化和粗俗化的,并且大众没有判断力,爱把晦暗的东西当成深刻的东西,大众也不理解什么是真正的伟大,因此,能被大众所理解和认可的幸福必然是庸俗的幸福。尼采甚至认为,大众的理解不但是不值得追求的,而且应该是要被远离的。尼采写道:"逃吧,我的朋友,逃到你的寂寞中去吧!我看见你被大人物们的喧闹震聋,被小人物们的毒刺蜇伤。森林与岩石知道如何庄严地与你一起沉默。又像那棵你喜爱的大树,那棵枝繁叶茂的大树:它安静地斜斜地悬于大海之上,静静地倾听着。寂寞停止的地方,就是市场开始的地方。市场开始的地方,伟大的表演者的喧闹也开始了,毒苍蝇们的嗡嗡声也开始了。"

正因为尼采对大众有这样的理解,尼采是同情的坚决反对者。同情让自己和大众趋同,让大众更加大众化。因此,尼采也不会把自己对幸福的评价建立在和同情相关的东西上。通过同情别人而获得幸福,尼采认为这样做是可耻的,尼采写道:"真的,我不喜欢慈善者,他们在同情别人时感到极度幸福。但他们太缺少羞愧之心了。如果我必须同情他人,我也不愿被称为同情者;如果我是同情者,那么,我喜欢远远地施以同情。在别人认出我是同情者之前,我喜欢蒙住头离开。"

尼采不仅认为,通过同情获得幸福是可耻的,而且还进一步认为,同情是非常有害的。人们不要随意地同情别人,同情会让人头脑发昏,变得愚蠢。尼采说:"人们应该坚守自己的内心,不让同情心泛滥,因为一旦放任内心的同情,头脑就会失去控制。"同情不但制造平庸和愚蠢的事情,它同时还制造痛苦,尼采严厉地反问道:"世界上有什么地方曾发生过比在同情者那里更愚蠢的事情吗?世界上还有什么东西比同情的愚蠢造成更多痛苦的吗?"尼采还警告我们,要对自己的同情心保持警惕。连上帝都因为对人类的同情心而变得苍老、绵软和脆弱,这时的上帝"与其说他是一位父亲,还不如说他是一位祖父,但他最像的却是一位摇摇晃晃的老祖母"。此时的上帝完全失去了尼采所欣赏的能发出命令的力量。最后，上帝死了，死于对人类的同情。上帝也有他的地狱，该地狱就是他对人类的同情和爱。连查拉图斯特拉最后也意识到他最后的罪恶是同情，是对高等人的同情。如果查拉图斯特拉不能克服自己对高等人的同情，那么他此前的一切作为都是白费的了。

这样，尼采就给在叔本华那里十分重要的同情判了死刑（叔本华认为，同情是伦理学的基础，而幸福是伦理学探讨的重要课题）。在尼采那里，由同情所成就的幸福是可耻的。如果说别人的同情或对别人的同情对幸福而言的确是不可或缺的，那么这样的幸福尼采宁可不要。尼采借查拉图斯特拉之口自问自答道："我的痛苦和同情——这里面有什么？我在追求幸福吗？我在追求我的事业。"

同样，由于尼采对大众的贬低性的理解，不仅仅是同情，而且还有被人尊敬都是不值得追求的。因此，获得别人的尊敬也不会让尼采觉得更幸福。超人不会嫉妒（大众根本不值得他嫉妒），他也不会因为获得别人的尊敬而自豪，超人根本就不关心这样的事情。尼采如是写道："是的，他的目光里毫无嫉妒。你们因此而尊敬他吗？／他环顾四周，却并不寻找你们的尊敬。／他有鹰的眼睛，他望向的是远方。／他不看你们！

他看的只是星星、星星。"人间的"你们"超人毫不关心。

再次,尼采也并不赞成斯多葛派式的冷静。或许我们会认为,既然尼采反对泛滥的同情心(因为它会使头脑失去控制),那么尼采可能会对斯多葛派式的冷静(不动心)有更多的认同。事实上却并非如此,虽然尼采反对同情(Mitleid),但是他却对狄俄尼索斯式的迷醉有着强烈的认同。而狄俄尼索斯式的迷醉并不是斯多葛派所理解的幸福之样式。

迷醉在尼采的艺术观和美学观里扮演着十分重要的角色。跟随尼采的思路,我们完全可以进行这样的推论:如果说艺术和美是幸福生活的最重要的组成部分,那么迷醉对于尼采式的幸福来说就是不可或缺的。在尼采看来,迷醉自身就是好的,无论它是什么样的迷醉。我们先来看一段尼采自己对迷醉的描绘:"迷醉必须首先抬升整架机器的兴奋度,否则就不会有艺术。所有形形色色的迷醉都是有力量的。首先是性兴奋,这个迷醉的最古老、最原始的形式。同样还有跟随着所有巨大的欲望、所有强烈的激情而来的迷醉。还有节日的迷醉、竞争的迷醉、出色成就的迷醉、胜利的迷醉,以及所有极端运动的迷醉。还有恐怖的迷醉、在破坏中的迷醉、在气候影响下的迷醉(比如春天的迷醉），或者在麻醉药品影响下的迷醉，最终还有意志的迷醉，一个饱满的、膨胀的意志的迷醉。迷醉的本质是力量的上升和充满的感觉。"

如果我们把迷醉和幸福挂钩，假定尼采式的幸福的核心是迷醉，那么从这一段的描写我们可以看出尼采的幸福观和通常的幸福观有一些不同：其一，"持续"不再是尼采式的幸福所必需的，因为任何迷醉都饱含着强烈的激情，这样的激情不可能长久地持存；其二，尼采式的幸福必须和道德脱钩，因为在尼采所列举的形形色色的迷醉中有不少在传统的目光中是不道德的（如恐怖的迷醉、破坏中的迷醉、麻醉品影响下的迷醉等）；其三，尼采式的幸福不是一种满意（满足）的状态，而是一种力量的上升和充满的感觉。

正因为尼采看重的是力量的上升和充满的感觉，简单地说是迷醉，因此苏格拉底的"幸福等式"必须被坚决地反对。

根据尼采的总结，苏格拉底的幸福等式是：理性＝美德＝幸福。这一等式的源头（最左端）是理性，可见理性是苏格拉底幸福观的基础。尼采对这一理性的幸福观是这样批驳的：

"苏格拉底和他的'病人们'都不是随意地理性着，那是严格规定的，那是他们最后的手段。整个希腊的反思借以投身于理性的那种狂热,泄漏出一种紧急状况:要么毁灭,要么——荒谬地理性着……从柏拉图以降的希腊哲学家的道德主义是病态的,同样病态的还有他们对辩证法的珍视。理性＝美德＝幸福仅仅意味着:人们必须向苏格拉底学习,针对昏暗的欲求生产一束永恒的日光——理性的日光。人们必须不惜一切代价变得聪明、清晰和明亮。对本能和无意识的屈从都是导向堕落的。"

在这里,我们也可以清楚地看到,对于尼采而言,力量的上升和充满是第一性的,本能和无意识并不是非要被排除的东西,它们也并不是导致堕落的东西。相反,我们需要警惕的是理性的清晰和明亮。是理性遮蔽着本能,它削弱着人们自身所固有的原始的力量。

最后,我们要强调的是尼采并不是一个整天抱怨的悲观厌世者。如果说幸福总是和乐观向上、欢笑以及肯定生命联系在一起的,那么尼采其实完完全全是一个追求幸福的人。

在我们的印象中,尼采是一个批判性极强的人,他猛烈地批判基督教、欧洲的著名哲学家(柏拉图、康德、叔本华等)以及欧洲的文化名人(比如瓦格纳)。我们的这个印象是正确的,因为尼采清楚地提出要超越善恶、要"重估一切价值",尼采自问自答道:"你信仰什么?——我的信仰是:必须重新确定所有事物的重量。"

但是尼采的批判并不等同于悲观厌世者的抱怨。比如,尼采之所以批判基督教是因为他在基督教那里发现了削弱生命和否定生命的东西。是基督教赋予人们摆脱不了的罪感,它让人们无法直接享受多彩人生,尼采认为,是基督教让人们生活得不幸福。通过和主人道德①的对比,尼采是这样批判基督教道德的,他写道:"主人道德('罗马的''不信教的''古典的''文艺复兴的')是上升生命的发育良好的手势语,是强力意志作为生命原则的手势语。主人道德本能地肯定着,同样基督教道德本能地否定着('上帝''彼岸''去自我'都是纯粹的否定)。主人道德从自己的饱满出发,把自己给予事物,它使世界洋溢着幸福、让世界美丽和理性,而基督教道德使事物的价值贫乏、苍白和丑陋,它否定着世界。"尼采对于其他文化现象的批判的原因差不多也是一样的。可以说尼采的批判是不得已而为之。

要不是存在着这么多否定生命的东西和颓废的东西(如

---

① 尼采创造的合成词,德文为"Herren-Moral",可以理解成"肯定自己生命的道德"。

瓦格纳的音乐剧），尼采是根本不愿意发起这么多批判的，对于自己的真实愿望，尼采这样写道："今天，我也想说出我自己的愿望，以及今年我对哪些思想最走心——哪些思想应该是我所有余生的理由、保证和甜蜜。我想更多地学习把事物的必要性看成它们的美，这样，我就是把事物变美的人中的一员。爱命运（amor fati），从现在起，这就是我的爱！我不愿再对丑陋发起战争。我不愿再谴责，甚至不愿再去谴责那些谴责者。把目光移开是我唯一的否定！总而言之，言而总之，我愿只是一个肯定生命的人。"此外，为了能够在最大程度上地肯定生命，尼采还提出了"永恒回归"，他在《查拉图斯特拉如是说》中这样反问道："我有什么理由不应该为这永恒、为这婚礼的环中之环、为这永恒的回归之环而激情澎湃呢？"

尼采除了愿作一位肯定生命的人以外，他还更愿意是一位行动者、创造者，愿意是一个能为这个世界增加力量和欢乐的人。除去否定生命的东西以及颓废的东西，如果说尼采还对什么不满足，那么他的不满足、他的永不停歇源于他想要不断为世界增加力量和欢乐的意愿——他的创造的愿望。他这样自述道："是的！我知道我来自哪里！/永不满足得如同火焰/燃烧、自我挥霍。/我所抓握的，一切都变得光明！/我所放弃的，一切都变成焦炭。/我肯定是火焰。"

I

《快乐的科学》——节选

《快乐的科学》首次出版于1882年，书中少有大段的论述，更多的是格言和警句。尼采是重视自己这种写作风格的，他说："用血和格言写作的人，他的意愿不是被阅读，而是被熟记于心。"许多尼采著名的提法都首次出现于《快乐的科学》，比如"上帝已死""永恒回归"等。在此书中，尼采质疑了很多欧洲哲学、文化上的观念。

幸福是斗争给予的

我的幸福

自从我寻找得累了,
我就学会了发现。
自从有一种风成了我的阻力,
我就凭借所有的风扬帆而行。

对话

我病了吗?我已经恢复健康了吗?
谁曾是我的医生?
我是怎样忘掉所有这些东西的啊!
现在我才相信你恢复了健康,
因为谁忘掉了,谁才是健康的。

我的玫瑰

是的!我的幸福——它想使人幸福,

所有的幸福都愿人幸福!

你们愿意采摘我的玫瑰吗?

你们必须得在岩石和荆棘丛中

弯腰躲藏吗?

你们必须经常舔弄你们的小指头吗?

因为我的幸福——它爱嘲弄!

因为我的幸福——它爱诡计!

你们愿意采摘我的玫瑰吗?

献给舞者

光滑的冰

一个伊甸园

献给他,那个会跳舞的人。

向上

"我如何能最好地到达山边?"

不要思考,只管向上攀登!

没有嫉妒

是的,他的目光里毫无嫉妒。你们因此而尊敬他吗?

他环顾四周,却并不寻找你们的尊敬。

他有鹰的眼睛,他望向的是远方。

他不看你们!他看的只是星星、星星。

赫拉克利特主义

人间的所有幸福,

我的朋友,都是斗争给予的。

是的,为了成为朋友,我们需要战争的硝烟!

统一如下三者就是好朋友:

困苦面前的兄弟,

敌人面前的同志,

死亡面前的——自由者!

没落

"他下降了,他现在下落了"——你们不断地讽刺着。

事实是:他朝着你们向上攀爬而来!

他的超级幸福成了你们的不幸,

他的超级光明现在正跟随着你们的黑暗。

**彻底
的人**

我是一个研究者吗?哦,省省这个词吧!

我只是"重"——就像某些重物!

我下落,一直下落

最终落在了地面上。

**用脚
书写**

我不仅仅用手书写。

脚始终愿意和书写者同在。

我的脚为我奔跑,坚定地、自由地、勇敢地奔跑,

有时穿行于岩石,有时穿行于纸张。

**现实主义的
画家**

"要完全忠实于自然!"——他如何开始呢?

自然在什么时候被照搬进图画?

世界的细小部件是无穷的。

最后他画他喜欢的东西。

那他喜欢什么呢?他喜欢他能够画的东西。

**怀疑主义者
如是说**

> 你的生命已经过了一半,
>
> 钟表的指针在移动,你的灵魂在颤抖!
>
> 它已经游荡了很久。
>
> 它寻找,却找不到——灵魂在这里踌躇。
>
> 你的生命已经过了一半,
>
> 一小时、一小时地过去,充满着痛苦和错误。
>
> 你还在寻找什么?为什么?
>
> 我寻找的就是这个为什么—— 一切、一切的理由。

看这个人

> 是的!我知道我来自哪里!
>
> 永不满足得如同火焰
>
> 燃烧、自我挥霍。
>
> 我所抓握的,一切都变得光明!
>
> 我所放弃的,一切都变成焦炭。
>
> 我肯定是火焰。

重估一切价值的高贵

恶

你们考察下那最优秀和最多产的人和民族，然后问问你们自己，一棵骄傲地向上生长的树是否能够避开恶劣的天气和暴风雨。那些外界的不利和阻力，那些任何形式的仇恨、嫉妒、固执、猜疑、坚硬、贪婪以及暴力是否能不属于促进其生长的环境。没有了上述这些东西，一个在美德中的伟大的生长自身是可能的吗？毒药，令弱者毁灭的毒药，对于强者来说却是增强——强者也并不把它称为毒药。

**源自
三种错误**

在最近的几百年里，人们促进了科学的发展，部分是因为人们希望借助科学和通过科学来更好地理解上帝的善和智慧——这是在伟大的英国人的灵魂中的主要动机（像牛顿），部分是因为人们相信知识的绝对有用性，确切地说人们相信道德、知识以及幸福的最内在的关联——这是在伟大的法国人的灵魂中的主要动机（像伏尔泰），部分是因为人们以为在科学中他们必须拥有和爱着一些无私的东西、无害的东西、自我满足的东西以及真正无辜的东西，而对于这些东西人类的邪恶冲动根本无法参与——这是斯宾诺莎灵魂中的主要动机。斯宾诺莎作为认知者觉得自己具有神性。以上都来自三种错误。

高贵形式的缺失

士兵和将领之间总是存在着比工人和雇主之间更高贵的行为举止。至少在目前，所有的军事文化比所有的所谓的工业文化都要高贵。具有现今样式的工业文化完全是迄今为止最无耻的、最低廉的生存形式。在这里起作用的完完全全是贫困的法则：人们要生存并且必须出卖自己，但是人们鄙视那些利用别人的贫困，为自己购买劳动力的人。很奇特，臣服于那些强力的、引起恐惧的，也就是可怕的人、独裁者和军事将领远远比臣服于那些不知名的、无趣的人，比如工业界的伟人，更让人不那么痛苦。在雇主身上，工人通常只看到一个狡猾的、吸血的和利用别人贫困的贪婪者。他的姓名、样态以及声望对工人来说是无所谓的。至今，工厂主和伟大的贸易企业家也许太缺少所有那些更高贵族类的形式和标志，而正是这些形式和标志才让人成为有趣的人。如果在他们的目光和姿态中有着那些天生贵族的高贵，也许就不会有群众的社会运动。因为从根本上讲，群众是愿意臣服的，但前提是他们要臣服的人是更高的、作为命令发布者是合法的——并且通过高贵的形式。最普通的人都有感觉，高贵的品质无法临时培养出来，并且他也感觉到，存在于高贵之中的长期形成的果实他必须敬重，——但是由于这种更高的形式的缺席以及有着一双赤红、粗肥的手的工厂主的粗鲁让他产生了这样的想法：只有偶然和运气让一个人比另一个人高贵，于是他决定：来吧！让我们也试试偶然和运气！让我们也来掷骰子！——社会运动于是开始了。

法律
透露出什么

如果有人研究一个族群的刑法，并认为这些法律是该族群特性的表达，那他就大错特错了。这些刑法透露的不是一个族群的性格特征，而是那些对它来说陌生的、稀奇的、闻所未闻的以及异域的东西。刑法涉及的是高尚品行的例外情况。最严厉的惩罚针对的是和它相邻的族群的风俗。在瓦哈比教派那里，只有两种死罪：其一，信仰着和瓦哈比教派不一样的神；其二，抽烟。抽烟在他们那里被描述为"饮酒"的另外一种可耻的样式。当一个英国人得知了这一情况，惊奇地问道："那谋杀和通奸呢？""哦，我们的神是仁慈的和宽容的！"——老酋长回答道。在古罗马人那里有这样的想法：女人只以两种方式犯下死罪：其一是通奸，其二是——喝葡萄酒。老伽图（Cato Mairo）认为，一个吻意味着：这个女人嘴巴里有酒味吗？因此，亲属间的亲吻只有在这一点上才可能成为风俗习惯，一切都是为了控制住女人。在古罗马，人们真的把被抓住的饮酒的女人判了死刑，当然这并不仅仅是因为在葡萄酒的影响下女人们忘记了说不。古罗马人最害怕的是放纵和狄俄尼索斯的本质。那时葡萄酒刚刚传入欧洲，并随着时间的推移侵袭了南欧的女人们。饮酒被认为是一种可怕的来自外国的恶习，它颠覆了古罗马人感知的基础。饮酒就是对古罗马的背叛，就像对古罗马领土的吞并一样。

伊壁鸠鲁

是的，我很自豪，我用不同的方式感受伊壁鸠鲁的性格，也许，我把他感受成这样一个人，在他那里我听到以及读到最多的是，享受古代下午的幸福：我看到他的眼睛投向一片辽阔的淡白色的海，目光越过岸边的岩石，而岩石上铺满阳光。同时，大大小小的动物们在阳光中嬉戏，它们自信、安宁，就像这阳光一样，也像伊壁鸠鲁的眼睛一样。只有持续的受苦者才能感受这样的幸福，那是一双眼睛的幸福。在这双眼睛前面，生存的海洋变得寂静了。这双眼睛永不厌倦地注视着这生存的海洋的表面，以及它多彩的、温柔的以及震颤的皮肤。先前还从未有过这样的欢乐的谦逊。

我们的惊奇

科学探索着、确定着一些经得起考验的东西，并且这些东西又给出新的探索的原因，这其中有着深层次的、根本的幸福。但这一切也可以是另外的样子！我们的判断的不确定性、我们的判断的不切实际的空想以及所有人类法律和概念的恒变性都使我们确信：科学给出的经得起考验的结果是多么地令我们感到震惊。而在古代，我们对属人的事物的可变性一无所知，那时风俗道德使人们的信仰屹立不倒，人类的整个的内在生活被永恒的夹子夹在了钢铁一般的必然性上。也许当那时的人们读到童话和精灵的故事时会有一种惊奇的快乐，它类似于我们现在的人在科学那里获得的惊奇的快乐，虽然前者是变化产生的惊奇、后者是不变产生的惊奇。那些可变的奇妙的东西让那时的人很舒服，因为他们可能厌倦了那无处不在的规则和永恒性。让我们离开一次那结实的地基吧！飘浮！犯错！疯狂！那是远古时代的天堂和狂欢，而我们的幸福却像刚刚经历过沉船而逃生的人的幸福：他上了岸，双脚站在结实的大地上，但他却感到惊奇，大地竟然不摇晃。

宽宏大量及相关的东西

那些充满着悖论的现象，比如，心境平和的人突然的冷淡、忧郁者的幽默，尤其是对复仇的突然放弃和嫉妒心的突然平息（我们称之为宽宏大量），会出现在那些人身上，在他们之中有一种强大的、内在的离心力。他们有着突然的饱和和突然的厌恶。他们的满足来得是那样的快与强烈，以至于紧跟着的是厌倦、反感以及逃离到相反的趣味里去。在这个相反的方向上产生了感觉上的痉挛，在有的人那里表现为突然的冷淡，在另外一些人那里则是大笑，有时又表现为眼泪和自我牺牲。在我看来，大度的人（至少是那种最能给人留下深刻印象的大度的人的行为样式）恰是有着极度复仇饥渴的人，对他来说，满足要就近实现，他彻彻底底地认同着这样一个观点：紧跟着快速的纵情欢乐之后的是快速的厌恶。于是，他现在"超越了自己"（就像人们经常表达的那样），他原谅他的敌人，是的，他祝福和尊敬他们。凭借着这样一种自我强奸，凭借着这样一种对自己强大的复仇冲动的嘲笑，他现在追随着新的冲动，这一冲动现在在他的心中同样变得很强大。这一冲动就是厌恶。他现在同样是没有耐心和没有节制的，就像不久前他凭借自己的幻想认为复仇的快乐是没有耐心的、没有节制的一样。在宽宏大量中，自私的程度和在复仇中是一样的，宽宏大量只不过是自私的另外一种品质。

孤独作为论据

良心的谴责即使在最有良心的人那里也弱于这样一种感觉：这个和那个是违反社会良俗的。一个冷冷的目光、一个鄙视的嘴角，就连最坚强者都感到害怕，如果这目光和嘴角是来自教育我们的人或者我们的榜样的话。人们到底在害怕什么呢？人们害怕的是孤独。孤独作为论据对一个人或一件事来说也是最好的论据！——我们心中的群氓本能地如是说。

真理感

我赞扬每一种怀疑，如果这些怀疑准许我对它们做这样的回答："让我们试一下吧！"那些不准实验的事情和问题，我再也不愿意和它们有任何交道。这就是我的"真理感"的界限，因为在此界限以外，勇敢丧失了自己的权利。

别人了解我们什么

我们对于我们自己所了解的，并留存在我们记忆之中的，对于我们生活的幸福来说，不像人们通常所认为的那样，那么地具有决定性。有一天，别人了解的我们（或者说别人自以为的了解的我们）向我们袭来的时候，我们就会认识到，这些东西更加强有力。处理内心的良心谴责比处理自己糟糕的声誉要容易得多。

善在哪里开始

视力由于恶冲动的精细化，不再能够辨认出恶冲动的地方，人就设置一个善的王国。这一跃入善王国的感觉让所有本能都变得不安起来，因为所有这些本能都受到恶冲动的威胁和限制，比如，安全的感觉、舒适的感觉以及亲善的本能。于是：眼睛越迟钝，善的疆域就越大！因此就有了人民和孩子们的永恒的欢快，因此就有了伟大的思想家的灰暗以及和良心谴责相关的忧伤。

最后的
高贵意识

究竟是什么让人"高贵"？肯定不是人们去牺牲，因为即使那些迅速地追求简单的快感的人也会去牺牲。肯定不是人们完全地去追求一种激情，因为激情也有可鄙的。也不是无私地为他人做一些事情，也许在最高贵的人那里，自私恰好是程度最高的。袭击高贵者的激情是一种特殊的东西，但高贵者并不了解这个特殊的东西，高贵者使用着一种稀少的、奇特的尺度，这几乎是一种疯狂。高贵者在别人觉得冰冷的东西里感到了火热，他参悟到了人们还没有为这些东西发明出天平的价值。他把牺牲献给祭坛上不知名的上帝。他是勇敢的，却没有追求荣誉的意愿。他有一种自足，该自足是那样的丰盈，他把这丰盈分享给他人、他物。迄今为止，是这一稀少的东西，以及对这一稀少东西的无知造就着"高贵"。但与此同时，我们要想一想，通过这一准绳，所有通常的东西、切近的东西、不可或缺的东西，一句话，那最能保持人类族群的、迄今为止完全是人类的规则的东西，却因讨好那些稀少的例外，而得到了不公正的评价，进而在整体上遭到了诽谤。成为规则的辩护人——这也许是最后的形式和精巧，地球上的高贵感在其中现身。

只作为创造者

事物叫什么，它们作为什么而存在，这在大多数情况下是无法用语言表达的。看出这一点耗费了我最大的精力，并且一直还在耗费着我的最多的精力。一个东西的声誉、名称、外表、效用，以及它通常的尺度和分量绝大多数情况下在起源上就是一个错误、就是一个武断。它们被赋予事物，就像随便地给事物丢过去一件衣服，而这件衣服对事物的本质、甚至对其皮肤来说，都是陌生的。但它们通过信仰和一代代的传承好像慢慢地生长入事物里面，甚至成了它们的身体。假象几乎最终总是变成本质，并且作为本质发挥作用！如果说有这样一个傻瓜，他认为，只要指出这些错误狂想的起源以及围绕着它们的迷雾，我们就能毁灭这所谓的"现实"和这作为"本质"而存在的世界。这会怎么样呢？这是行不通的。记住，只有作为创造者才能毁灭！但是也不要忘了，为了能够在未来创造出新"事物"，现在创造出新的名称、新的估量以及新的可能性就已经足够了。

对友谊的尊重

在古代，友情作为最高的情感，甚至高于自足和智慧所带来的自豪感,就好像是作为自豪感的唯一的、但是更加神圣的兄弟。那个马其顿国王的故事很好地表达了古代的这一观点。该国王把友谊作为天赋赠给了一位雅典的蔑视世界的哲学家,但这个哲学家却拒绝了。国王问:"为什么,难道这个哲学家没有朋友吗?"国王想表达的意思是:"我尊重这种智慧和独立的自豪,但是如果在他心中朋友能胜过他的自豪的话,那么我会更加尊重他的人格。对我来说,如果这个哲学家不了解这两种情感(*自豪和友谊*)中的任一个,确切地说,更高的那一个,那么这个哲学就贬低了他自己!"

爱

爱甚至原谅被爱之人的欲望。

音乐中的女人

到底是怎么回事?那温暖和多雨的风也带着音乐的氛围和对旋律的创造乐趣!难道这不是那同一种风,它充满着厨房,给女人们一种被爱的感觉?

怀疑者

我不无忧惧地想,变老的女人在她内心的最隐秘处比所有的男人都多疑。这些女人相信生存的表面性,胜过相信其本质。对她们来说，所有的美德和深刻只是对这一"真理"的掩盖，是很受欢迎的对阴部的掩盖。是的，这是有关体面和羞耻的事情，此外，没有更多的东西。

献身

有这样的高贵的女人，她们精神贫穷，想要表达自己献身的意愿，却不知道该怎么做，只知道提供着自己的美德和羞耻感。对她们来说，这已经是最高的东西了。这些女人提供的美德和羞耻感也经常被当作礼物接受，但人们却没有很深地感受到这些女人们为此所设定的前提。这是一个很忧伤的故事。

弱者的强大

所有的女人在夸张自己的软弱方面都是很精细的，是的，她们在软弱方面是很有创造性的。她们表现得完全像易碎的装饰品，一小点灰尘就会弄疼她们。女人们的存在就是对男人们笨拙的提醒，并且把这种笨拙推进男人的心绪和良心。女人们就是这样在强者和"拳头的权利"面前保护着自己的。

自我伪装

她爱他，从此她的眼神变得那样平静与充满信任，像一头安静的奶牛。天啊，这恰恰是伪装的魔力。她完全是善变和不可捉摸的！他已经经历了太多安稳的生活，他想要变化。她能不能行行好，假装一下她先前的活泼的性格？或者假装无情、心肠冷硬？或者建议她不要——爱？戏剧万岁！

复仇的能力

如果一个人没有自我保护的能力，进而也不愿意自我保护，这在我们看来，还算不上什么耻辱。但我们藐视他，因为对于复仇他既没有能力也没有很强的意愿（这里所说的，当然也包括女人）。我们会被这样一个女人套牢（或者如人们所说"迷住"）吗？就是这样一个女人，我们不相信她在有些情况下知道如何用剑（不论何种剑）顶着我们，我们会被这样的女人迷住吗？或者说会用剑顶着自己——这在一定情况下是更敏感的复仇。

母亲

动物对女性的思考和人类不同。雌性在动物眼中是多产的。父爱在动物那里是没有的，如果说有，那么这里的"对孩子的爱"类似于爱恋和亲密。而雌性动物在孩子那里却有着她的权力欲的满足，孩子是她们的财产、她们的事业，孩子是一些对她们来说完全理所当然的、可以拿出来闲谈的东西。这一切合在一起就叫作母爱。这种母爱可类比于艺术家和他们作品的关系。怀孕使雌性动物变得温和、有耐心、胆怯和乐于臣服，同样，精神的怀孕生产出沉思的性格，这种性格和雌性性格有着亲缘关系。艺术家是雄性的母亲。在动物那里，雄性比美更有用。

神圣的残忍

一个男人，怀里抱着刚出生的孩子，走向一个圣者，问他："我该拿这个孩子怎么办呢？他很不幸——畸形，但是他还没有到死的时候。"听了这样的话，圣者用恐怖的声音高喊道："杀了他，然后把他抱在你怀里三天三夜，为了好让你记住：对你来说，生孩子的时机还没到的时候就永远不要生孩子！"当这个男人听了这样的话，失望地走开了，很多人批评这个圣者，因为他给出了杀死孩子的残忍的建议。但这个圣者回应说："让孩子活下去不是更残忍吗？"

那些
不成功者

那些可怜的女人总是缺乏成功，她们面对着她们所爱的男人变得不安宁、没有安全感，并且喋喋不休，因为男人们肯定是被一定程度上的秘密的、冷漠的温柔误导了。

第三性

一个苍老的舞者说："一个矮个儿的男人是一个悖论，但他仍还是一个男人，但是一个小个儿的雌性对我来说，如果拿她同高大的女人相比，好像是另外一种性别。"

我们应该
对什么充满感激

只有艺术家，确切地说戏剧艺术家才给人装上了眼睛和耳朵，让我们能够带着愉悦去听、去看自己是什么、自己经历着什么、自己意愿着什么。只有艺术家才教给了我们英雄所珍视的东西，而英雄就潜藏在所有这些芸芸众生之中。艺术家还教导人们如何能够把自己视作英雄，从远处审视自己，好像以一种简化和美化的方式审视自己。艺术就是自己把自己置于自己面前的舞台之上。只有通过艺术，我们才超越了一些低廉的细节。没有这样的艺术，我们只能浮在表层，只能把最切近的和最普通的东西作为最最伟大的东西来看待，并把它们作为现实自身来看待。也许某些宗教也有类似的功能，但它用放大镜仔细观察每个人的罪过，它把一个有罪的人变成巨大的、不死的罪犯。这些宗教从一个永恒的视角来描述一个人，教导他从远处把自己作为一个有历史的整体来看待。

善和美

艺术家们不断地美化着所有的状态和事物（他们也不做其他的事情）。被艺术家美化的状态和事物具有这样的声誉：在它们那里和在它们之中，人们可以觉得自己是善良的、或者是伟大的、或者是陶醉的、或者是舒适的和有智慧的。这些被挑选出来的状态和事物是艺术家的工作对象，它们的价值对人类的幸福来说被视为是确定的（或者说已经约定好的）。艺术家们总是时刻准备着发现类似的状态和事物，并把它们拖入艺术的领域。我想说的是：艺术家自己并不是幸福以及幸福者的估价师，但是他们总是把自己置身于那些估价师的近旁，带着最大的好奇和乐趣，把估价师的评估投入使用。因为除了缺乏耐心以外，他们还有着传令官的巨大的肺活量以及善于奔跑的脚，所以他们总是属于那第一批美化"善"的人,并且他们经常以自己是第一批命名善和评估善的人的姿态出现。但是,就像我说过的,这是一个错误。艺术家们只是比那些真正的评估师更敏捷一些,嗓门更高一些。那么,谁是那些真正的评估师?<mark>真正的评估师是那些富人和闲人。</mark>

围绕着真理的严肃

围绕着真理的严肃!人们对这句话的理解是多么的不同啊!同样的观点与同样的证明和考察方式,一个思想家会觉得那是一种轻浮,但令他感到羞耻的是,这些观点却时不时超越于他。同样是这些观点,一个艺术家撞上了它们,并且和它们生活了一段时间。这些观点却能够给这个艺术家被攫取的感觉(震撼),被围绕着真理的最深刻的严肃攫取的感觉。此外,值得赞赏的是,尽管他是一个艺术家,但他同时也展现着对所显现之物的反面的最严肃的欲望。于是,这样的情况是可能的:<mark>一个人恰好由于对严肃的激情暴露了迄今为止在知识的领域里他的精神是多么的浅薄、多么的容易满足。我们所看重的一切不就正是我们的泄密者吗?</mark>它们向我们展示了我们重视什么,以及在什么地方根本没有权重。

现在和往昔

如果说那些更高的艺术,那些庄严的艺术已经离我们而去,那么我们的艺术品的艺术性又存在于什么地方呢?先前,所有的艺术品都竖立在人类的伟大节日的街道旁,作为高尚的、极度幸福时刻的回忆符号、作为其纪念碑。现在人们想用艺术作品把那些贫穷的精疲力竭者、生病者从人类巨大的苦难的街道上引开,只是为了一个短暂的放荡的时刻。人们为那些贫弱之人提供了一个小小的迷醉和疯狂。

光和影

不同的书籍和作品在不同的思想者那里是不同的。一个思想者在书籍里收集了光,他懂得如何敏捷地从一个对他来说闪光的知识里偷走光,并把它们带回家。而另外一个只知道给出阴影,这些阴影是在此前的白天里在其灵魂中建立起来的,用灰色和黑色画就的残余图像。

上帝死后的道德影子

**新的
斗争**

在佛陀死后,在一个洞穴里,人们还把他的影子展示了几百年。那是一个巨大的、令人毛骨悚然的影子。上帝死了,但是就像人类一向的行为那样,也许人们用来展示上帝影子的洞穴还将上千年地存在。我们,我们还必须战胜他的影子。

**有道德的事物的
范围**

我们组建了一幅新的图景:立刻借助我们已经拥有的古老的经验,根据我们的诚实和公正的程度来观看。除了道德的经历外我们没有其他经历,所有的经历都是道德的,甚至在感知的领域也不例外。

四个错误

人是通过自己的错误被教育的。

第一个错误：人总是把自己看成是不完满的；

第二个错误：赋予自己想象的性格；

第三个错误：面对动物和自然，觉得自己处于一个错误的秩序里；

第四个错误：总是给自己发明一些新的价值表，并在一段时间里，把这些价值看成是永恒的和无条件的，以至于在人类那里经常会出现这样的情况：有时把这种、有时把那种人类的本能或状态视为第一位的，并根据这种估计把它们高贵化。

如果我们能去除掉这四个错误，那么我们也就去除掉了人道、人性以及"人类尊严"。

不要利他主义！

我在很多人身上都看到一种过剩的精力和兴趣，即：要去发挥功用。他们有最敏锐的嗅觉，千方百计地把自己置身于能够发挥功用的地方。有些女人就属于这样的人，她们执行着一个男人的功能，而这种功能也恰好是这个男人不太具备的。于是她们就成了男人的钱包的管理者、男人的政治代言人或者男人的社交代理人。这样的人只有在把自己嵌入陌生的有机体时，他们才能更好地保存自己。如果这样的人不能成功地嵌入他人，他们就变得易怒、容易受到刺激并且自我吞噬。

生活不是论证

我们为自己整理好了一个我们能够在其中生活的世界。我们假设了点、线、面、原因、效果、运动和静止以及形式和内容。没有了这些假设的、并被我们深信的东西我们就无法活下去！但这些并不是已经得到证明的东西。生活不是论证。在现实生活的条件下，错误可能存在。

疯狂的人

你们没有听说过那个疯狂的人吗？他在明亮的上午点亮了一盏灯笼，在市场上奔跑，并且不停地喊："我在寻找上帝！我在寻找上帝！"那里正好站着很多不相信上帝的人，于是他的行为激起了很大的嘲笑。一个人说，他是不是迷路了。另一个人说，他是不是像一个孩子一样找不到回家的路了。或者他认为我们看不到他？他害怕我们吗？他是不是曾经去当了船员？或者他曾移民海外？很多人纷乱地喊着和笑着。这个疯狂的人一下子跳到了他们中间，用他的目光紧盯着他们。"上帝到哪去了？"他喊道，"我愿意告诉你们真相！我们把他杀死了，你们和我！我们所有人都是凶手！但是我们如何做到了这一点？我们如何能够喝光海里的水？为了抹去整个的视界，谁给了我们海绵？当我们把地球从太阳那里挪开，我们做了什么？地球现在向何方运动？我们运动向何方？离开所有的太阳吗？我们不是在不停地跌跌撞撞吗？向后、向旁边、向前、向一切方向？还有上下之分吗？像穿行于无尽的虚无一样，我们不是在瞎跑吗？空虚的空间不是在向我们呵气吗？不是变得更冷了吗？不是黑夜以及更多的黑夜在不断地来到吗？灯笼难道不要在上午就点亮吗？难道我们还一点也没有听到上帝的掘墓人所发出的噪音吗？难道我们还一点儿也没有嗅到上帝腐坏的气息吗？上帝死了！上帝不再复生！我们杀死了他！我们——这些所有谋杀犯的谋杀犯——该如何安慰自己呢？迄今为止，这个世界拥有的最神圣、最有力量的东西在我们的刀子之下流血而亡了。是谁拭去了这些血迹的呢？我们能够用什么样的水清洁我们？我们必须发明什么样的赎罪节日和什么样的神圣游戏呢？这个行动的尺度对我们来说难道不是太大了吗？为了能够配得上这次行动的尊严,难道我们自己没有必要成为诸神吗?这个行动是前所未有的大,在我们之后出生的人,因为这个行动的缘故,属于更高的历史,它高于迄今的所有的历史!"说到这个地方,疯狂的人沉默了,重新凝视着他的听众。听众们也沉默着,并用陌生的目光盯着他。最后,疯狂的人把灯笼扔到了地上,灯笼碎了,熄灭了。然后他说:"我来得太早了,我来得还不是时候。那个巨大的事件还在路上、还在漫游,它还没有能钻进人们的耳朵里。为了能够被听到、被看到,闪电和雷鸣需要时间、星光需要时间、行动需要时间。这个行动离他们还很远,比最遥远的星光还远,——但他们做了这同样的事情。"人们还讲述了,在那一天那个疯狂的人闯进了很多不同的教堂并发表了他自己的上帝永远退场的言论。在被驱赶和质问的时候,他总只是回答这样一句话:"如果教堂不是上帝的墓室和墓碑,那么教堂还是什么呢?"

神秘的解释

神秘的解释被认为是深刻的。真理就是这样,它从来就不曾是表面的。

上帝的条件

马丁·路德说过:"如果没有智慧的人,上帝自身就不可能存在。"路德说得很对。但是"如果没有愚蠢的人,上帝更加不能存在",这个路德没有说过。

一个危险的决定

基督教决定,发现世界丑陋的和糟糕的本质,于是这个决定把世界弄得既丑陋又糟糕。

基督教与自杀

基督教把在它产生时期的对自杀的巨大的需求变成了自己的权力杠杆。基督教只留下了两种自杀形式,并用最高的尊严和最大的希望来改装它们,而其他的形式都被它用令人恐惧的方式禁止了。在基督教那里,这两种被允许的方式是:殉教和禁欲者的慢性自杀。

反对基督教

现在我的审美口味决定反对基督教,而不再是我的理性的理由。

原则

人类总是必须不断地陷入一个不可避免的假设,该假设从长远来看比对不真的东西的最确信的信仰更加有力量(比如基督教的信仰)。长远意味着几十万年。

**那个最有
影响力的**

一个人在他全部的时间里所抵抗的,把它阻止在门外并加以解释说明的东西,必然要发挥它的影响力。这个人是否愿意这样,是无关紧要的,而他能够这样,才是事情的本质。

文化批判和肯定生命

撒谎

他一开始沉思，就马上准备好撒谎。这是文化的一个阶段，而整个族群都曾处于这个阶段。思考一下，罗马人用撒谎这个词表达了什么。

令人不舒服的性格

觉得所有的事物都深刻——这是一种令人不舒服的性格。这种性格总是让人努力地睁大眼睛，最后，人们总是发现比自己所期望的更多的东西。

每种美德都有属于自己的时代

谁如果是不屈服的，他的诚实就会让他良心不安，因为不屈服是另一个时代的美德，它和诚实这个美德不处于同一个时代。

和美德的交往

面对一个美德,人们也可以是无尊严的和阿谀奉承的。

致时间的爱好者

逃跑的牧师和被释放的囚犯不停地摆出这样一副面孔:他们想要的,是一张没有历史的脸。你们见到过这样的人吗?这些人知道未来反映在他们的历史中,他们对你们这些时间的爱好者是那样的礼貌。他们摆着一副没有未来的脸吗?

自私

自私是感受的视角法则,根据这一法则,最近处的东西显得大和重,而在远处,所有的东西在个头和重量方面都减弱了。

寻找一个巨大的胜利

一个巨大的胜利最大的好处就是,它去除了胜利者先前失败的恐惧。于是胜利者对自己说:"为什么不失败一次呢?我现在已经足够的富有,可以失败一次了!"

总是在我们的
社会圈子中

所有的，属于我的类型的东西，在我的本性和我的历史中，它们向我说话、表扬我、推我向前、安慰我。其他的我不听，或者很快地被遗忘了。我们总是只在我们的社会圈子里。

名誉

如果很多人对一个人的感激抛弃了所有的羞耻，那么就产生了名誉。

深刻和
显得深刻

如果一个人真的深刻，他就会努力把话讲清楚。如果一个人想在众人面前显得深刻，他就会追求晦暗。因为大众习惯把自己看不到根基的一切视为深刻的。大众是那样的胆小，不敢下水。

思想

思想是我们感觉的阴影，它变得越来越灰暗、空洞，比感觉更简单。

在孤独之中

如果人们独自生活,那么人们就不会大声说话,也不会大声书写,因为人们害怕那空洞的回声,这回声是仙女艾寇的批评。所有的声音在孤独之中听起来都不一样。

最好的未来的音乐

最好的音乐家对我来说是这样的人,他只了解最深刻的幸福的忧伤,而不了解其他的忧伤。但这样的音乐家迄今还没有。

司法

宁愿自己被偷,也胜似自己周围都是胆小鬼。这就是我的趣味。并且这是在所有的情况下的具有趣味的事情,没有更多。

贫穷

他今天是贫穷的,但并不是因为人们拿走了他的一切,而是因为他抛弃了一切。这对他来说又有什么呢?他习惯去发现。那些穷人是这样的人,他们误解了自己自愿的贫穷。

良心谴责

他现在所做的一切是乖巧的和符合秩序的,但是他却感受到了良心的谴责,因为他的任务是去做非凡的事情。

这个思想家

他是一个思想家。这意味着他懂得以比事物自身更加简单的方式对待事物。

反对颂扬者

A 说:"人们只可能被和自己相同的人表扬!"B 说:"是的!那些表扬你的对你说:你和我是一样的!"

反对某些辩护

损害一个事物最阴险的方式是故意地用充满错误的理由为该事物辩护。

我们听觉的界限

人们只听到那些他们能找到答案的问题。

笑

笑意味着：幸灾乐祸，但并没有良心不安。

一个
挥霍者

他还不拥有富人的贫穷。富人把自己的整个财富又数了一遍。他用"自然"这个挥霍者的非理性挥霍自己的"精神"。

需求

需求被看成是事物产生的原因，但事实上，它经常只是已经产生的东西的结果。

伟大的
男人

从一个人是一个"伟大的男人"我们还不能推出：他是一个男人。也许他只是一个小男孩，也许他是一个可以是任何年龄的不定形的东西，或者是一个中了邪的小女人。

通往
幸福的路

一个智者问一个傻瓜，哪条路通往幸福。傻瓜毫无迟疑地回答道，就像人们在问他如何去往下一个城市一样："欣赏你自己，并且生活在小巷子里！"智者一听，喝道："停停，你要求太多了,单单欣赏你自己就够了。"傻瓜反驳道:"没有持续的鄙视,哪有持续的欣赏呢?"

**理想和
材料**

你的眼前有一个很高贵的理想,但问题是,你也是一块如此高贵的石头吗?以至于能把你自己塑造成一尊神像?如果做不到这一点,难道你所有的工作不都是野蛮的雕塑吗?不是对你的理想的亵渎吗?

**声音中的
危险**

如果嗓子里充斥着很响的声音,那人们就不能很精细地思考自己的事情。

**原因和
效果**

在效果出现以前,人们和效果出现以后所相信的原因是不一样的。

**我所
厌恶的**

我不喜欢那样的人,他们只是为了制造效果,就搞出很大的动静，像炸弹一样。在他们身旁，人们就会处在危险之中，突然有巨大的声响——或者人们已经失去了更多的东西。

惩罚的目的

惩罚的目的是让施行惩罚的人变得更好，这是对惩罚辩护的最后的庇护所。

牺牲

对于牺牲和奉献，被用作牺牲的动物的想法和旁观者的想法是不一样的。但是从此以后，人们就不让动物讲话了。

爱护

爱护和体谅在父子之间比母女之间多。

诗人和撒谎者

诗人和撒谎者是一奶同胞的兄弟，但是诗人把撒谎者的奶也给吃光了。于是，撒谎者陷入痛苦之中，甚至在道德良心上也没有占到上风。

感官的
代理者

一个耳聋的、听忏悔的年老的牧师说:"人们的眼睛也是用来听的。"那些有着最长耳朵的人,在眼盲之人那里他就是国王。

动物的
批评

我担心,动物把我们人类看成是和它们一样的生物,这些生物正在以最危险的方式丧失着健康动物的理智,它们成了荒唐的动物、会笑的动物、会哭的动物以及不幸福的动物。

反对
那些调和者

谁想在两个果决的思想家之间调和,他就会被认为是普通的,因为他的眼睛不是为看到独一无二的东西而生。软弱的眼睛的特点就是只看到相似性和重复的东西。

固执和
忠诚

他出于固执紧紧抓住一样东西,而这个东西对他来说已经没有任何挑战了。但是,他把这个固执称为忠诚。

**缺少
沉默**

他本质上缺少说服力。其原因是:他所做的任何一件好事都不曾悄悄地埋在心底。

**那些
"彻底的人"**

——对知识领悟得慢的人认为,慢属于知识本身。

做梦

人们要么不做梦,要么做有趣的梦。同样,人们必须学会醒来,要么从不醒来,要么有趣地醒来。

**精神和
性格**

有些人通过他的性格达到了他的巅峰,但是他的精神却配不上这个高度。有些人却正好相反。

**为了能够
推动大众**

那些想推动大众的人,难道不是自己必须要成为演员吗?难道不是他必须首先把自己变得特别清晰吗?难道不是他必须使自己的一切粗俗化和简单化吗?

那个礼貌的人

是的,他总是在身上带着一块蛋糕,为猛犬准备的蛋糕。他是那样的胆怯,他把每个人都看成猛犬,包括你和我。这就是他的"礼貌"。

没有嫉妒

他完全没有嫉妒,但这并不是什么了不起的功绩,因为他的目标是想占领一个国家,而这个国家还无人占领过,并且几乎还没有人看到过它。

思想和话语

人们不能完全地用话语表达自己的思想。

选择中的表扬

艺术家选择他的素材,这就是他用来表扬的方式。

数学

只要有任何的可能,我们想把数学的精细和严格引入所有的科学门类中,不是因为我们相信通过这个路径我们可以认识事物,而是借此我们可以固定住我们人类自己设定的同事物的关系。数学只是人类知识的普遍的、最后的手段。

习惯

所有的习惯让我们的手变得更像个笑话,让我们的笑话变得更像一双笨拙的手。

反对
尴尬

深度忙碌的人超越一切尴尬。总是有事可做的人,超越一切尴尬。

偶然的
否定者

没有胜利者相信偶然。

来自
伊甸园

"善恶是上帝的偏见",伊甸园的那条蛇说。

一乘一

一个人总是错的,真理从两个人开始。一个人无法证明自己,而对于两个人,人们已经无法反驳。

我们的行为

我们的行为从来都不被理解,总是要么被表扬、要么被批评。

最后的怀疑

究竟什么是人类最后的真理?它们是不可辩驳的人类的错误。

有必要残酷的地方

拥有伟大品格的人对他的美德和二流的思考来说,都是残酷的。

拥有一个伟大的目标

如果某人拥有一个伟大的目标,那么他甚至可能超越正义,而不只是超越他的行为和法官。

八个问题

什么是英雄?——同时迎接他最大的痛苦和最高的希望

的人。

你信仰什么？——我的信仰是：必须重新确定所有事物的重量。

你的良心说什么？——"你应该成为你所是。"

你最大的危险在哪里？——在同情里。

你爱别人什么？——我的希望。

你把什么人称为坏人？——那些总想让人感到羞愧的人。

对你来说什么是最人道的？——让某人免遭羞辱。

已经获得的自由的标志是什么？——不再为自己感到羞愧。

对新的一年说几句话

我还活着，我还在思考。我必须活着，因为我必须思考。我在，故我思。我思，故我在。今天，每个人都可以说出自己的愿望和自己最喜欢的思想。今天，我也想说出我自己的愿望，以及今年我对哪些思想最走心——哪些思想应该是我所有余生的理由、保证和甜蜜。我想更多地学习把事物的必要性看成它们的美，这样，我就是把事物变美的人中的一员。爱命运①，从现在起，这就是我的爱！我不愿再对丑陋

---

① 爱命运：尼采的重要思想之一，他将其视为一个伟大人格的必需条件。

发起战争。我不愿再谴责,甚至不愿再去谴责那些谴责者。把目光移开是我唯一的否定!总而言之,言而总之,我愿只是一个肯定生命的人。

II

《瓦格纳事件:一个音乐家的问题》
——节选

《瓦格纳事件》出版于1888年,副标题为"一个音乐家的问题"。《瓦格纳事件》篇幅很短,正文只有12节。在该书中尼采严厉地批评了音乐家瓦格纳。他认为,瓦格纳的音乐是颓废的音乐,其法则是腐败。瓦格纳用理念注释音乐,因此他是一种文化上的疾病,他把他接触的一切都染上病态。

为理念服务的艺术是颓废的

**给颓废的
艺术家**

这儿写着这样的话。我的严肃由此开始。当颓废者败坏我们的健康的时候——还有音乐！我远远地、无害地旁观着。瓦格纳究竟是一个人吗？他难道不更是一种疾病吗？他使他触摸的一切生病,——他把音乐弄病了——一个典型的颓废者,他必然在他被败坏了的鉴赏力中感觉,用这种鉴赏力他要求着一个更高的鉴赏力,他知道如何让他的腐败作为法则、作为进步和作为实现发挥作用。

人们并不防卫。他诱骗的力量达到了令人恐惧的程度,但香气围绕着他,对他的误解被称为"福音"——他不仅仅说服了精神上的贫穷者！

我有兴趣打开一点点窗户。空气！更多的空气！

瓦格纳文学的核心

顺便对瓦格纳的作品再说一句话：它们还是教授聪明的学校。瓦格纳所拥有的步骤系统可以运用到其他许许多多的事件上，——谁有耳朵，谁就听着。当我精确地表述瓦格纳的三个最珍贵的步骤的时候，也许我要求着公众对我的感谢。

瓦格纳不会的一切都是应该受到谴责的。

瓦格纳可能会很多东西：但是他不愿意这样——出于原则的严格性。

瓦格纳所会的一切，任何人都不要模仿他，他也不曾有榜样，任何人也不应该模仿他……瓦格纳是神一样的……

这三句话是瓦格纳文学的核心，其余的是——"文学"。

——到目前为止，不是每一首音乐都必须有文学：人们做得好，在这里寻找充足的理由。瓦格纳的音乐很难理解吗？或者瓦格纳害怕人们太容易地理解自己的音乐？——或者人们理解他的音乐不够困难？——事实上瓦格纳一生都重复了一句话：他的音乐不仅仅意味着音乐！而是更多！无穷无尽的更多！……"不仅仅是音乐"——没有音乐家这样讲话。再说一次，瓦格纳没有能力从整体中创造，他根本没有别的选择，他必须搞些不完整的东西，"动机"、姿势、公式、双倍化以及百倍化，他始终是作为音乐家的修辞家——因此，他必须彻底地把那个"它意味着"摆到最前面。"音乐始终只是一种手段"，这是瓦格纳的理论，但首先这是他唯一可能的实践。但没有音乐家这样想。——为了说服全世界严肃且深刻地看待自己的音乐，瓦格纳需要文学。"因为音乐意味着无限"，瓦格纳一生都是理念的"注释者"。那艾尔莎①意味着什么？毫无疑问：艾尔莎是"人民的无意识的精神"（——怀着这样的认识，我必然地成为了完全的革命者）。

理解
瓦格纳们

我们回忆一下，当黑格尔和谢林诱骗那些伟大人物的时候，瓦格纳还年轻，他猜到，并用双手抓住，德国人唯一严肃对待的东西是什么——"理念"将要说出一些昏暗的、不确定的和充满着预感的东西；在德国人那里，清楚是异议，逻辑是反驳。叔本华严厉地抽去了黑格尔和谢林时代的不诚实——严厉地、也不公正：叔本华自己，这个老的、悲观的伪币铸造者，和他的同时代的人相比，并没有在任何方面更诚实。让我们先不管道德．黑格尔是 种趣味……并且不仅仅是一种德国趣味，而是一种欧洲趣味——瓦格纳理

---

① 瓦格纳的歌剧《罗恩格林》中的女主角。

解这种趣味!——瓦格纳觉得胜任这种趣味,并且把它永恒化了!——他只是把它用到了音乐上——他为自己发明了一种风格,一种"意味无穷"的风格,他成了黑格尔的继承人……音乐作为"理念"。

人们如何理解瓦格纳们!那些追随黑格尔的人,现在追随瓦格纳。在瓦格纳的学校里,人们甚至黑格尔式地书写!——但最理解瓦格纳的是德国的青少年。"无限""意味"这两个词已经足够了:同时瓦格纳以一种无可比拟的方式感到惬意。但是瓦格纳用以征服德国青少年的不是音乐,而是"理念":——这是他的艺术富于神秘的地方,它的隐藏在成百个象征里的游戏、它的理想的彩色装饰把这些青少年引向瓦格纳并吸引着他们。瓦格纳是天才的梦想建造者。他的抓取以及他在空气中的穿行,他的无处不在和无处在,确切地说,都是一样,借此黑格尔把年轻人引诱到他的时代!在瓦格纳的丰富、饱满和任意当中,年轻人就像在自己那里一样,得到了辩护——"得救"。他们颤抖地倾听着,在瓦格纳的艺术中,伟大的象征(它们来自雾气笼罩的远方,并且带着轻柔的雷声)是如何变得响亮;当在瓦格纳的艺术中时不时存在着灰色的、阴森的寒冷的东西的时候,他们也不气愤。但是他们所有人,瓦格纳自己也一样,和糟糕的天气有着亲缘关系,也就是德国的天气!武坦①是糟糕天气的神……他们是对的,这些德国的青少年,就像他们现在展现的那样,他们如何能够发现我们这些其他人,我们这些好天气的欣赏者,在瓦格纳那里寻找而不得的东西:轻快的脚、诙谐、火焰、优雅、伟大的逻辑、星星的舞蹈、纵情的天性、南方的光的震颤以及光滑的海——完满……

---

① 武坦德文为"Wotan",又被称为"奥丁(Odin)",是北欧神话中的至高之神,被视作诸神之王。

上升生命的美德

**"现代"
概念**

……但是现在谁还怀疑我的意愿?这次我用如下三个要求表达我对艺术的愤怒、忧虑和爱:

戏剧不变成艺术的主人。

演员不变成真实者的诱骗者。

音乐不变成一种撒谎的艺术。

…………

我给出我的"现代"概念。每一个时代都有自己测量力量的标准,也有测量美德的标准:哪些美德是允许的,哪些美德是禁止的。一个时代要么拥有着上升生命的美德(它从*最深层的理由反对下沉生命的美德*),要么它自己就是下沉的生命本身。下沉的生命需要下沉的美德,它恨一切仅仅从饱满和力量的极大丰富出发就能为自己辩护的东西。美学是和这些生物学前提分不开的:有一种颓废美学,有一种古典美学。一个"美自身"是幻象，整个观念主义都是幻象。在所谓的道德价值的更窄一些的范围内，人们能发现的最大对立就是主人道德和基督教价值概念的道德，后者成长在彻底病态的土壤上。相反，主人道德（"罗马的""不信教的""古典的""文艺复兴的"）是上升生命的发育良好的手势语，是强力意志作为生命原则的手势语。主人道德本能地肯定着，同样基督教道德本能地否定着（"上帝""彼岸""去自我"都是纯粹的否定）。主人道德从自己的饱满出发，把自己给予事物，它使世界洋溢着幸福、让世界美丽和理性，而基督教道德使事物的价值贫乏、苍白和丑陋，它否定着世界。"世界"在基督教那里是骂人的话。在价值的光学里，这两个对立着的形式都是必须的，它们是观看的样式，人们无法用理由和反驳来对付或掌握它们。人们无法反驳基督教，就像人们无法反驳眼睛的疾病一样。曾经人们把悲观主义当成哲学一样来跟它斗争，这是学者的愚蠢性的顶峰。在我看来，"真"与"非真"的概念在光学里没有意义。人们仅仅要抵抗的是虚伪、本能的言行不一，它不愿把这种对立当成对立来感受。

**高贵的
道德**

高贵的道德，主人道德的根源在于<mark>怀着极大的喜悦对自己说"是"</mark>，它是生命的自我肯定和自我赞扬，主人道德同样也需要崇高的象征和实践，但它并不是为象征而象征、为实践而实践，只是"因为它的心太满了"。

…………

这样的虚伪，就像拜罗伊特人[①]这样的虚伪，在今天也很常见。我们所有人都知道基督教容克贵族的非审美的概念。这种处于主人道德和基督教道德之间的无辜、这种在谎言中的"良心安宁"是现代性的极佳的反映，人们几乎要用它来定义现代性。现代人生物学地展现了价值的矛盾，他同时坐在两把椅子之上，他一口气说出是和否。多么奇怪呀？就是在我们的时代虚伪自身变得有血有肉，甚至成了天才；瓦格纳就住在我们中间。我不无理由地称瓦格纳为现代性的魔术师和炼金术士……但是我们所有人，违背知识和意志，在我们的身体里拥有着相反来源的价值、话语、公式和道德。——我们，从生理学的角度观察，是虚伪的……一个对

---

① 拜罗伊特人：拜罗伊特是德国的一座城市，瓦格纳的戏剧经常在这里上演。此处喻指瓦格纳剧作的观众。

现代灵魂的诊断——诊断该如何开始呢？严厉地切入这些本能中的矛盾性，分离它们的对立的价值，在其富于教益意义的事件上进行活体解剖。——瓦格纳事件对哲学家来说是幸福的事件——人们听着，我这些文字的灵感源于感激。

III

《偶像的黄昏》——节选

《偶像的黄昏》著于1888年，于1889年出版。在该书中，尼采不仅批判了苏格拉底（或柏拉图）所代表的狂热的理性主义，也批判了基督教的道德观。尼采嘲笑德国文化名人的单纯和幼稚以及德国人粗糙的鉴赏力，并向许多法国、英国以及意大利的文化代表人物开火。就此，尼采提出了自己著名的观点"重估一切价值"。该书强烈地表达了对削弱和否定生命的"颓废主义"的反对。

反对"理性＝美德＝幸福"

问题

无所事事是一切心理学的开端。怎么是这样？难道心理学是一种——恶习？

忘记了那个最好的东西！

——为了单独生活，人必须是一个动物或一个神——亚里士多德如是说。但没有提到第三种情况：人必须同时是以上两者的结合体——哲学家。

决心

我愿意，永远地，不知道很多东西。——这种智慧也给知识划定着界限。

**来自于生命的
战争学校**

> 那杀不死我的，使我更强壮。

**拥有
一个目标**

> 如果人有其生命的"为何？"，那么他几乎和每一个"如何？"都合得来。人不追求幸福；只有英国人干这样的事情。

**女人和
男人**

> 男人创造了女人——但从哪儿呢？从男人上帝的肋骨——他的"理想"的肋骨。

**力量
增长**

> 什么？你在寻找？你想十倍、百倍地扩大自己？你在寻找追随者？——寻找零吧！

**强者的世界和
弱者的世界**

> 谁不知道把自己的意志置入事物，他至少还把一种意义

置入其中。这意味着：他相信，事物中已经有一个意志（"信仰"的原则）。

那些虫子一样的人

被踩到的虫子蜷曲自己。它这样做是聪明的。据此，它降低了被再踩的概率。用道德的语言说：谦恭。

音乐

属于幸福的东西是多么少啊！那风笛的声音。——没有音乐生命就是一个错误。那个德国男人自忖，上帝是歌唱的。

失望者言

我寻找过伟大的人，找到的只是他们理想的猴子（模仿者）。

我的幸福的公式

一个是，一个否，一条直线，一个目标。

从理性中制造出暴君

如果人们必须从理性中制造出暴君，就像苏格拉底所为，那么其他东西成为暴君的危险必不会小。那时，理性被臆想为救星。苏格拉底和他的"病人们"都不是随意地理性着，那是严格规定的，那是他们最后的手段。整个希腊的反思借以投身于理性的那种狂热，泄露出一种紧急状况：要么毁灭，要么——荒谬地理性着……从柏拉图以降的希腊哲学家的道德主义是病态的，同样病态的还有他们对辩证法的珍视。理性＝美德＝幸福仅仅意味着：人们必须向苏格拉底学习，针对昏暗的欲求生产一束永恒的日光——理性的日光。人们必须不惜一切代价变得聪明、清晰和明亮。对本能和无意识的屈从都是导向堕落的。

我已经解释过，苏格拉底靠什么迷惑人：他看起来像一个医生、一个救世主。苏格拉底有一个对理性的"不惜一切代价"的信仰。但我们还有必要展示其中的错误吗？从哲学家和道德主义方面来讲，这是自我欺骗，这已经是源于他们向其宣战的颓废。但这种"源于"却处于他们的力量之外，他们选作手段和拯救的东西本身仅仅也还是颓废的表达。他们改变了他们的表达，但他们自己却不能消除颓废。苏格拉底是一个误解，整个改善道德①、还有基督

---

① 尼采创造的合成词，德文为"Besserungs-Moral"，可以理解成"表面上看是为了改善人，其实是在束缚人、削弱人的道德"。

教道德都是一个误解……这刺眼的日光，这不惜一切代价的理性，明亮的、冷酷的、小心的、有意识的、阻挡本能的生命本身就只是一种疾病、另外一种疾病——是一条根本无法返回"美德""健康"和"幸福"的路……本能必须斗争——这是颓废的公式：只要生命在上升，幸福就等同于本能。

反对制造概念木乃伊[1]

哲学家的特征

您问我,什么是哲学家的特征?……比如,他们缺乏历史感、他们仇恨变化以及他们的埃及主义[2]。当他们给一个事物去历史的时候(将它置于永恒的理念之下),当他们从该事物中制造木乃伊的时候,他们认为是在给该事物赋予尊严。几千年来,哲学家所从事的一切是制造概念木乃伊,没有真实的东西从他们的手上活着出来。当他们礼拜的时候,他们就是在杀害、在填塞。这些先生们是概念偶像的仆役。当他们礼拜的时候,他们就威胁着一切事物的生命。死亡、变化、衰老,以及生产和生长,对他们来说都是不协和音——甚至是反驳他们的声音。存在的东西不变化,变化

---

[1] 尼采创造的合成词,德文为"Begriffs-Mumien",可以理解成"没有生命力的、僵死的概念"。
[2] "埃及主义"德文为"Aegypticismus",可以理解成"僵化地对待历史的态度"。

的东西不存在……现在他们所有人都相信（正在）存在的东西，甚至带着绝望。但由于他们不能抓住这些正在存在的东西，他们就去寻找这些东西被隐藏的原因。"我们不能感知存在者，这必定是一个假象，一个欺骗。欺骗者藏在哪儿呢？"我们得到了它，他们幸福地喊着，这个欺骗者就是感性。这些感官，它们一向不道德，正是它们向我们隐瞒了真实的世界。道德便是：摆脱感官欺骗、摆脱生成、摆脱历史、摆脱谎言——历史无非就是对感官的信任、对谎言的信任。道德便是：否定感官的一切信仰，否定人性的全部残余：所有这些都是"民众"。做哲学家吧，做木乃伊吧，用掘墓人的表情体现那个单调的一神论吧！——尤其要抛开肉体，这个可怜的感官的固有理念，冒着犯所有逻辑错误的危险（甚至是不可能地）对肉体进行驳斥，看肉体是否足够无耻，把自己作为真实的东西在行动。

四个论题

我把这一如此本质、如此新的洞见压缩进四个论题，人们会因此而感谢我。我把对它们的理解变得简单易懂，我挑战矛盾。

第一论题："这个"世界一向被描述为虚假的理由，恰恰说明了它的现实性，因为和其不同的另外一种现实是无法证明的。

第二论题：人们给予事物"真实存在"的标志是"非－存在"的标志，是虚无的标志，——出于和现实世界的矛盾，人们建造了这个"真实的世界"：它事实上是一个虚假的世界，只要它还只是一个道德光学的幻觉。

第三论题：寓言式的虚构"另外一个"世界是毫无意义的，认识到这一点的前提是：没有一个诽谤、小化和怀疑生命的本能在我们之中施展它的淫威。在这种情况下，我们用"另一个""更好的一个"的生命的幻影来报复生命。

第四论题：世界被分割成"真的"和"假的"，无论它是基督教样式的，还是康德样式的（他本质上是一个奸诈的基督徒），都只是颓废的间接表达——一个下降的生命的症候……比起现实来，艺术家更看重假象，但这并不是对这一论题的反驳。因为"这个假象"在这里再次意味着现实，只是在一种选择、加强和改正的意义上……悲剧的艺术家不是悲观主义者——他恰恰对所有有疑问和恐惧的东西自身说"是"，他是狄俄尼索斯的……

真实的
世界

"真实的世界"是如何最终变成寓言的——一个错误的历史。

真实的世界对智者、对虔诚的人以及有美德的人是可到达的——他们活在真实的世界里,他们就是真实的世界。

(这一最古老的形式的理念相对来说还是聪明的、简单的和有说服力的。换种说法就是——"我,柏拉图,就是真理"。)

真实的世界现在是不可到达的,但是那些智者、虔诚者和有美德者却得到了应允,他们(那些悔过的罪人)最终是可以到达的。

(这一理念的进一步发展:它变得精致、难以应付和不可捉摸——它变得婆婆妈妈,它变成基督教的……)

真实的世界不可到达、不可证明、无法指望,但却被设想成一种安慰、一种义务和一个定言命令(康德的术语)。

(那个本质上的老旧的太阳,穿过云雾和怀疑照射到大地上;这个理念变得崇高、苍白、北欧式以及柯尼斯堡式。)

真实的世界——不可到达吗?对,无论如何是到达不了的。真实的世界就是作为到达不了的和未知的东西存在着。逻辑推论就是:它也无法安慰人、无法拯救人以及无法约束人。未知的、不可到达的东西怎么能够约束我们呢?……

(灰色的早晨。理性第一次张开了嘴巴。实证主义的鸡鸣。)

这个"真实的世界"——一个理念,一个不再有任何用处的理念,一个甚至不再有约束力的理念——一个无用、变得多余的理念,因此是一个已经被驳倒的理念。让我们废除它吧!

(明亮的白天;早餐;良好感觉的以及开朗的回归;柏拉图的脸红;所有自由精灵的魔鬼般的噪音。)

我们废除了真实的世界。什么世界剩下了?或许是一个虚假的世界?……不不!和真实的世界一起,我们把虚假的世界也废除了!

(中午;最短暂的阴影的瞬间;最长的错误的结束;人类的顶峰;查拉图斯特拉上路了。)

心理学的解释

把不熟悉的东西溯源到熟悉的东西,这令人放心、使人安宁,此外还给人一种有力量的感觉。不熟悉的东西有着这样的危险,它制造不安和忧虑——我们的第一直觉是,消除这些令人尴尬的状况。第一原则:任何一种解释都比没有解释好。因为在根本上这里只关涉着对压迫人的东西的摆脱,而对摆脱这些东西的手段的要求并不严格：第一个把不熟悉的解释成熟悉的东西是那样的令人舒适，以至于人们把它"当成真的"。愉悦（"力量"）的证明作为真理的标准。——可见，原因-冲动是由恐惧感规定和激发的。这个"为什么？"，如果有任何可能的话，应当不仅仅由于原因自身的缘故给出原因，而且更多的是给出某一种原因——一种令人安宁、令人满意、令人放心的原因。把那些已知的、经历过的、已经写入记忆的设定为原因，是这种需要的第一后果。那些新的、没有经历过的以及陌生的东西被排除在外，无法作为原因。——因此，不仅仅是寻找某种作为原因的解释，而且是寻找一种人们偏好的解释。人们用这种解释可以最快地、最高频率地消除陌生的、新的以及没有经历过的东西，这就是最通常的解释。后果：一种原因设定越来越占优势，聚集成系统，最终以统治者的面貌出现。这意味着完全排除其他的原因和解释。——银行家马上想到的是"生意"，基督徒马上想到的是"罪"，姑娘想到的是她的爱。

自由意志的发明与定罪

自由意志的错误

今天我们不再同情"自由意志"这个概念：我们太清楚它是什么东西了——这个声名狼藉的神学家的花招，"自由意志"存在的目的就是让人类在其（这里指自由意志）意义上"负责"，这意味着，让人类依赖自己……这里我仅给出所有"让……负责"的心理学。——人们寻找责任的所有地方，惩罚和矫正意愿之本能也都经常存在着，该本能也在那里寻找着。当任何一个如此这般的存在回溯到意志、意图和责任行为时，人们就剥夺了"变得无罪"的可能。本质上讲，意志学说的发明是为了惩罚，这意味着"发现……有罪的意愿"。整个陈旧的心理学、意志心理学的前提在于：它的发明人，那些处在过去社会顶端的牧师愿意为自己创造实施惩罚的权利——或者说给上帝创造一种权利……人被设想为"自由的"，目的是为了能够矫正和惩罚他们——为了能够让他们变成有罪的。结果是：每一个行为都必须设想为自愿的，每一个行为的起源都存在于意识之中（据此，心理学中最基本的伪币被当成了心理学自身的原则……）。今天，在我们所踏进的相反方向的地方，在我们非道德主义者特别地用全力把罪责概念和惩罚概念剔除的地方，在我们试图清除在心理学、历史、自然、社会机构以及制裁措施中的罪责概念和惩罚概念的地方，我们都发现，我们最极端的对手非那些神学家莫属，他们用"合乎道德的世界秩序"的概念继续着他们通过"惩罚"和"罪责"来污染"变得无罪"的勾当。基督教是刽子手的形而上学。

一个人不是
自己意图的结果

什么东西可以唯一地成为我们的教训（学说）？没有人赋予人类特征，上帝不可以、社会不可以、父母不可以、祖先不可以，就连自己也不可以（——在这里，最后被拒绝的胡说是康德"理智自由"，也许柏拉图就已经教导过）。人就这样地存在、具有这样的特征、在这样的条件之下以及处于这样的环境，没有人能对这样的事情负责。他的不幸无法从他曾是和他将是中解析出。一个人不是自己意图的结果，也不是意志、目的的结果。人们不要试图搞出一个"人的理想",或者"幸福的理想"和"道德的理想",——把人类本质推入一个目的的意图都是荒谬的。我们发明了"目的"这个概念：而在现实中缺失这个概念……人生是必然的,是一团灾难,它属于全体,位于全体之中,没有什么东西可以矫正、测量、比较和判决我们的存在,因为是整体在矫正、测量、比较和判决……在整体之外并没有其他东西！——存在的样式不准许还原到一个第一因,感知和"精神"都不是"一",没有人能对这样的事情负责。明白这一点就是最大的解放,——据此"变得无罪"才能重新得以生产……"上帝"这个概念,到目前为止是对此在的最大的异议……我们否定上帝、我们否定上帝中的责任：据此我们才拯救了世界。

被"改善"的人

在一切时代,人们都愿意"改善"人：这首先被称为道德。但是在道德这个词汇下却隐藏着非常不同的潮流。不管是对人这个野兽的驯养,还是对人这个确定的种类的培育,都曾经被称为"改善"。而动物学的术语才表达着现实,当然,典型的"改善者",即牧师对这些现实一无所知,也不想对现实有所知……把对动物的驯养称为"改善",对我们来说几乎是一个笑话。了解在动物园里所发生的事情的人就会很容易地知道野兽在那里是如何被"改善"的。它们被弄得柔弱、更少有害性，人们通过恐怖、伤害和饥饿把它们变成病态的野兽。——被牧师"改善"的人和在动物园里被驯养的动物是一样的。在中世纪早期，那时教会在事实上首先就是一个动物园，人们到处捕获那最漂亮的样本——"金黄色头发的野兽"——比方说人们"改善"高贵的日耳曼人。但是，后来这些如此这般地被"改善"的、被骗入修道院的日耳曼人看起来是什么个样子呢？像一个人类的漫画、像一个畸形。日耳曼人成了罪人，被困在笼子里，被关入纯粹的概念的笼子里……现在他躺在那里，病态、瘦弱、对自己怀有敌意、对生命的原动力充满仇恨、对强壮和幸福的东西充满怀疑。一句话，成了一个"基督徒"……用心理学的话说就是：把野兽弄病可能是和野兽斗争时唯一使他们变得虚弱的手段。教会懂得这一点：它败坏人、削弱人，但他们却说，他们"改善"了人。

非道德的手段

用公式表达，人们可以这样说：所有迄今据说已经把人类变得道德的手段，从根本上讲，都是非道德的。

**教育与
学习**

　　我的行为方式其实是肯定的，反驳和批评只是我的手段，我只是不得已而为之。为了不和我自己的行为方式相悖，我马上给出三个任务，从这个角度讲，人们需要教育者。人们必须学习看，人们必须学习思，人们必须学习说和写：此三者的目标是一种高贵的文化。学习看——让眼睛习惯安静、耐心和让事物靠近自己，延迟判断，从各个角度研究单个的事物，并且学习拥抱它们。这是对教养的第一个先期培训：对一个刺激不要马上反应，而是要把阻碍性的、封闭性的本能抓在手上。如我理解，学习看几乎就是被非哲学的话语方式称作坚强意志的东西。而这个坚强意志的本质恰恰不是去"意愿"，而是能够延缓决定。所有没有教养的东西、庸常的东西都是建立在"没有能力反抗刺激"之上。无教养、庸常的人总是必须做出反应，总是跟随每一个冲动。在好多情况中，这样的一个"必须"就已经是病态、没落，是枯竭的标志。所有的被非哲学的粗野话语以及"恶习"这个名称来描述的东西，都仅仅是那个生理学意义上的"不得不去反应"。学会看的一个用处：作为学习者，人们将变得完全缓慢、多疑和具有反抗性。人们会带着怀有敌意的安静，让陌生的以及各种各样的新东西接近自己——在新事物面前，人们会撤回自己的手。打开所有的门户，奴仆般地匍匐在每一个微小的事实面前，随时准备献身、投向他人和他物，所有这些都是因为没有学会看。一句话，那个著名的、现代的"客观性"是糟糕的鉴赏力的产物，是典型的不高贵。

学会思考

学习思考：在中小学里已经不再有学习思考的概念。就连在大学里，在真正的哲学学者中间，逻辑作为理论、作为实践以及作为手艺正在消亡。人们阅读德语书籍，但根本就回忆不起（连最遥远的回忆都没有）。思考需要一种技术、一个教学计划，以及一个想要精通的意志。想要学会思考和想要学会跳舞一样，思考作为某种形式的舞蹈……在德国人中间，谁还了解那来自经验的美妙的震颤，精神里的轻巧的脚把这种美妙的震颤灌入所有的肌肉！——精神面目的僵硬的笨拙，在抓取物体时粗笨的手——这在一定程度上就是德国的，因为在国外人们干脆就把这些和德国人的本质相提并论。德国人没有感知细节的手指……在过去，德国人只是忍受了他们的哲学家，首先是那些曾经存在过的、畸形的概念上的残疾人，忍受了那个伟大的康德。但是，这一点也没有表现出德国人的优雅。——因此,人们不能把舞蹈(无论它是何种样式的舞蹈)从高贵的教育中减去,人们要能够用脚舞蹈、用概念舞蹈、用话语舞蹈。我还要说,人们还必须能够用手中的笔舞蹈——人们必须学会写作吗?——但是在这个地方,我对德国读者来说,将完全是一个谜……

迷醉的本质就是力量的上升和充满

**迷醉的
本质**

为了能够有艺术，为了能够有任何形式的美学的做和看，一个心理学的前提是不可绕过的：迷醉。迷醉必须首先抬升整架机器的兴奋度，否则就不会有艺术。所有形形色色的迷醉都是有力量的。首先是性兴奋，这个迷醉的最古老、最原始的形式。同样还有跟随着所有巨大的欲望、所有强烈的激情而来的迷醉。还有节日的迷醉、竞争的迷醉、出色成就的迷醉、胜利的迷醉，以及所有极端运动的迷醉。还有恐怖的迷醉、在破坏中的迷醉、在气候影响下的迷醉（*比如春天的迷醉*），或者在麻醉药品影响下的迷醉，最终还有意志的迷醉，一个饱满的、膨胀的意志的迷醉。迷醉的本质是力量的上升和充满的感觉。我们把力量分发给事物，我们强迫它们从我们这里汲取力量，我们强暴它们——我们称这个过程为"理想化"。在这里，我们消除一个偏见：理想化并不像我们一向所认为的那样，存在于对细小和不重要的东西的扣除。一个巨大的对主要特征的塑造才是决定性的，其他的东西在这个强力下就消失殆尽了。

在艺术之中

人们从自己充盈的状态出发，让一切变得丰富。我们所观看的、我们所意愿的，我们就会看到它们饱满、密集以及满溢的力量。这种状态下的人改变着事物，直到这些事物成为他力量的反映，直到它们成为他完满性的反映。这个"必须改变成完满的"就是——艺术。就连那些人们所否定的一切东西，对他来说，也会成为乐趣本身。在艺术中，人们作为完满性在享受着自己。——也会允许人们设想相反的状况，一种特殊的、本能的反艺术——它是这样一种形式：它使所有的事物变得贫乏、单薄，像一个痨病患者。事实上，我们的历史中充满着这样的反艺术家和生命的饥荒者。他们在必要的时候也占有事物，他们必然把它们弄得虚弱、更虚弱。比方说，这就是真正的基督徒的状况，比如帕斯卡。一个基督徒，同时还是一个艺术家，这是不可能的……人们不要这么幼稚，拿拉斐尔来反驳我，或者任何一些19世纪的被稀释的基督徒来反驳我：拉斐尔说着肯定的话，做着肯定的事，因此拉斐尔不是基督徒……

"阿波罗式的"和"狄俄尼索斯式的"

由我引入美学的对立概念"阿波罗式的"和"狄俄尼索斯式的"意味着什么呢？都作为迷醉的形式来理解吗？——阿波罗式的迷醉首先是让眼睛保持迷醉，如此眼睛获得幻象的力量。画家、雕塑家和叙事文学家都是典型的幻想家。而在狄俄尼索斯式状态中，整个激情系统都被激发和抬升了，以至于他的所有的表达手段都一次性得到了释放，表现的力量、模仿的力量、变形的力量、变化的力量，以及所有的表情和表演都同时被驱赶了出来。它的本质始终是变形的敏捷，无法不去反应（有点像一定程度的歇斯底里病患者，他能根据每一个暗示进入每一个角色）。对于狄俄尼索斯式的人来说，不理解某一种暗示是不可能的，他不会忽略任何激情的标志，他有着最高程度的理解力和猜出答案的本能，就像他拥有着层次最高的传达艺术一样。他进入每个人的肌肤与激情之中，他不停地变化着。——音乐，就像今天我们所理解的那样，同样是整个激情系统的释放和激发，但只是一个更加饱满的激情世界之表达的残渣，仅仅是狄俄尼索斯式历史主义的剩余。为了使音乐作为特殊的艺术成为可能，人们把一定数量的感官（首先是肌肉感）给关停了（至少是相对地关停了，因为在一定程度上，人们还谈论着对我们肌肉而言的节奏），这样一来，人们就不再立即有血有肉地模仿和表现他所感到的一切。尽管如此，这也是本来的狄俄尼索斯式的常态，无论如何是原初状态。音乐是缓慢地达到的原初的狄俄尼索斯式状态的特殊化，它以丧失最切近的能力为代价。

**本能上的
亲属关系**

演员、舞者、音乐家和抒情诗人在他们的本能里都是在根源上就具有亲属关系，他们本来是一体的，但是慢慢地专门化了，彼此分开了——直到他们互相矛盾。抒情诗人和音乐家保持着最长时间的统一，演员和舞者保持着最长时间的统一。——但建筑师既不表现狄俄尼索斯式的状态，也不表现阿波罗式的状态。在这里是那个伟大的意志的行动，那个移山倒海的意志，那个要求着艺术的伟大意志的迷醉。最有权力的人一向启发着建筑师。在建筑作品中，人们应当让骄傲、对沉重的胜利以及权力的意志变得可见。建筑是形式上的一种权力的雄辩，有时是说服性的、有时是自我取悦的、有时是纯粹发出命令的。对权力和安全的最高感觉在那些具有伟大的风格的东西中（比如，具有伟大风格的建筑）得到表达。这样的权力，它不再需要被证明，它不属于讨好其他的东西，它给出沉重的答案，它感觉不到其周围的证人，它活着但没有意识到存在着反对它的言辞，它居留于自身，安于自己的命运，所有律法中的律法：作为伟大的风格谈论其自身。

反达尔文

至于那个著名的"生存斗争"，在我看来，与其说被证明了，还不如说被声称如此。这个生存斗争是作为例外出现的。生命的整个面相不是困境、饥馑，而更多的是富有、充裕，甚至还有那荒谬的浪费。人们为之而斗争的，不是生存，而是权力……人们把马尔萨斯的学说和自然本身搞混了。——假设有这种生存斗争——事实上它也确实存在——但它却导向了达尔文学派所希望的反面，根据达尔文的理论，人们本不应该希望这个相反的情况出现的，也就是说，达尔文的理论所导向的结果是：对强者、对有优先权的人以及个别幸福的人的不利局面；人这个种属不在完满性中生长，并且弱者一再成为强者的主人。难道不是这样吗？那些弱者数量众多，并且也更聪明……达尔文把精神给遗忘了（这对精神的遗忘是英国式的），弱者有着更多的精神……为了得到精神，人们有必要拥有精神——如果人们认为没有必要再拥有精神，人们就丢弃它。谁强大，谁就摆脱精神（——而今天的德国人却在想，我们赶快过去抢夺地盘，精神的王国必须留在我们中间……）。如你们所见，我把精神理解成谨小慎微、忍耐、狡猾、伪装、强大的自我控制以及所有的类似于动物保护色的一切（所谓的美德的一大部分都属于保护色）。

德国人的精致感觉

通过一系列的事件，在我看来，德国人的心理学技巧是成问题的。把这个目录列出来，我就无法再谦逊。在这件事情上，我有巨大的理由来阐明我的观点：我无法原谅德国人，他们强奸式地利用了康德和他的"后门哲学"（我是这样称呼康德哲学的）——这不是有理智的正义所曾有的样式。那另外一个我不喜欢听的是一个臭名昭著的"和"：德国人说"歌德和席勒"——我害怕他们说"席勒和歌德"……人们还不了解这个席勒吗？——还有更糟糕的"和"，我亲耳听过，然而是在大学教授中间，他们说"叔本华和哈特曼"。

人们把美赋予世界

没有什么东西比我们的美感更加有条件，我们也可以说，是受到限制的。谁以为他可以让美感摆脱人对人的愉悦，那么他就会立即失去其脚下的根基和地板。"美自身"仅仅是一个词，它连一个概念都算不上。在美中，人把自己设定为完满性的尺度，他在自己挑选出的事件中崇拜自己。人这个种属除了仅仅对其自身说"是"以外，并不能做其他的。该种属的最低级的本能（自保和自我扩张）也还在这样的崇高里发挥作用。人类以为，世界本身充满着美，——他忘记了美的原因。单单是人自身把美赠予了世界，啊！只是一种人性的、太人性的美……从根本上讲，人在事物中反映自身，他把一切能反射自己形象的东西看成美的："是美的……"这个判断是人类的虚荣的体现。因此，"一点点不信任"可以把如下的问题轻轻地说给怀疑主义者听：世界真的变美了吗？抑或就是人才把它看成美的？人把世界人类化了，这就是一切。但是没有东西、根本没有东西能向我们保证，恰好是人给出了美的模型。谁知道，在具有更高级别的鉴赏者的眼里，人又是什么样子呢？也许是大胆的？也许是自娱自乐的？也许有一点随意？

丑陋的东西

除了人，没有东西是美的：所有的美学都建基于这个朴素的真理之上。这是美学的第一真理。我们马上给美学加

上 第二个真理：没有东西比蜕化的人丑陋，——据此，审美判断的王国被划定了范围。——从生理学的视角复核一下，所有丑陋的东西削弱人，令人苦恼。丑陋的东西让人回忆起衰败、危险和昏厥，面对丑陋的东西人真的在丧失自己的力量。人们可以用测力器来测量丑陋事物的影响力。在人完全被压制得抬不起头的地方，他就感觉到"丑陋的事物"就在他附近。他的权力感觉、他的权力意志、他的勇气以及他的骄傲——所有这些和丑的事物一起下落，和美的事物一起上升……在所有的情况中都一样，我们做一个总结（该结论的前提大量地堆积在我们的本能之中）：丑可以被理解成退化的暗示和征兆。那些哪怕在最远的距离上让我们想起退化的东西，在我们心中都会激起这样的判断"这是丑的"。衰竭、沉重、衰老、疲惫的征兆，每一种作为痉挛和瘫痪的不自由，首先还有溃散以及腐烂的气味、颜色和形状，即使它们还没有最后虚化成象征，所有这些都唤起人们同样的反应："这是丑的！"——这样一个价值判断。一种恨从中跃起，在这里人恨谁？毫无疑问，人恨的是他的种类的衰亡。他的恨发自其种属的最深层的本能。在这个恨里有震颤、小心、深刻以及远见。这是曾经有过的最深刻的恨，因它之故，艺术是深刻的……

反对颓废的道德

基督徒和
无政府主义者

如果无政府主义者是社会颓废阶层的代言人,并以一个美妙的愤怒要求"权利""正义"和"平等"时,那么他处于自己的无文化、缺乏教养的压力之下,他的文化水平不能让他理解他为什么受苦,他在什么方面贫穷,他的生活为什么……在他内心,有一个强大的"原因"冲动:必须有人对他的糟糕境况负责……他的"美妙的愤怒"已经让他感到惬意,咒骂对这些可怜鬼来说是一种消遣——有一种权力的迷醉。控诉、抱怨已经可以给生活一种刺激,因此之故人们忍受着生活。在每一个抱怨之中,都有着一个精细剂量的复仇,在某些情况下,人们把自己的糟糕境况归咎于那些和自己不一样的人,指责他们的行为不当以及他们不被允许的特权。"我是一个无知流氓,你也应该是一个无知流氓",根据这种逻辑人们干起了革命。——抱怨在任何情况下都是无用的,抱怨来源于软弱。把自己的糟糕境况归咎于他人或者自己,这并没有太大的区别,不满于社会的人是前者,基督徒是后者。他们的共同点(我们有时也说"不体面的地方")是,有人应该为他们的苦难承担责任——简明地说,那些受苦者为自己的痛苦开具了"复仇的蜂蜜"这个药方。这种复仇的需要(作为一种愉悦的需要),其客体是各种根据临时情况寻找的原因:受苦者到处发现原因,为了冷却自己微小的复仇心。再说一次,如果他是一位基督徒,他就在内心寻找原因……基督徒和无政府主义者——都是颓废者。基督徒在谴责、诽谤和玷污这个"世界"的时候,他们的这些行为所出自的本能和那些对社会不满的工人在谴责、诽谤和玷污这个"世界"时所出自的本能是一样的。"最新的法庭"本身还是那个复仇的甜蜜的安慰——革命,对社会不满的工人也期待着革命,只是想得更细致些……那个"彼岸"自身——如果彼岸不是一个手段,一个用来玷污此岸的手段,彼岸干什么用呢?……

对颓废道德的批评

一个"利他主义"的道德是这样一种道德,它让利己主义枯萎,在所有的情况下,它都是一个不好的预兆。这对单个人来说是对的,对族群来说更是对的。如果利己主义开始缺失，最好的东西就会缺失。本能地选择那些自我损害的东西、被"对什么都不关切的"动机所吸引，这几乎给出了颓废的公式。"不要去寻找自己的利益"——这纯粹就是另外一个完全不同的东西的遮羞布。这个完全不同的东西是这样一个生理学的事实："我不再能发现我的利益所在。"如果一个人是利己主义者，最后他会这样处理这个生理学事实：他不会幼稚地说"我不再有任何价值"，在颓废者嘴里会说出这样的道德谎言："没有东西是有价值的，——生命是无价值的"……最终这样的判断隐藏着一个巨大的危险：它是传染性的——在社会的整个的病态的地基上，它很快茁壮地成长为概念的热带雨林，有时作为宗教（基督教），有时作为哲学（叔本华主义）。在某些情况下，这样的从腐烂的土壤里生长出来的有毒的植被，带着自己污浊的空气，会持续地毒害着生命，数千年不息。

"平等"的真实意味

"平等"，是某种事实上的抹平，这种抹平在"同等的权利"中得到表达。"平等"在本质上属于没落。人与人之间的鸿沟、阶层与阶层之间的鸿沟、类型的多样性、成为自己的意志、突出自己的意志以及那些被我称为距离的激情的东西，是为每一个强大的时代所独有。张力、极端事物之间的跨度在今天变得越来越小了——极端自身最终把自己弄成了相似……我们所有的政治理论以及国家宪法（"德意志帝国"一点儿也不是个意外）都是这种没落的符合逻辑的推论、符合逻辑的必然的结果。颓废的无意识的影响已经渗透到每门单一的科学中，并在其中取得了统治地位。我对法国和英国的整个社会学的批判依然有效，这些社会学只是从经验出发认识到了社会的衰落图景，但同时却完全无辜地把自己的衰落本能作为社会学价值判断的标准来接受。生命的衰败、所有有机力量的衰退（这里有机的力量是指那种能够撕开深渊的、发布命令的和安排事物的力量）在今天的社会学中把自己表达成理想……我们的社会平等主义者是颓废者，赫伯特·斯宾塞也是颓废者——他在利他主义的胜利中看到了一些值得期待的东西……

我的
自由概念

事物的价值经常并不在于我们用它达到了什么，而在于我们为它付出了什么代价——它让我们花费了什么。我举一例：当自由的目的已经达到的时候，自由的机构就马上停止工作（成为不自由的）。后来，再没有什么比这些自由的机构更令人恼火和更彻底的损害自由的东西了。我们知道，这些自由机构干了什么，他们削弱权力意志，它们被抬升为道德，它们弄平一切山峰和山谷，它们让人渺小、胆怯和耽于享受——伴随着它们的，每一次胜利的都是畜群。自由主义：用德语说就是畜群化。但是，同样是这些自由的机构，只要它们还在为争取自由斗争，它们就会产生出完全不同的效果：它们用一种有力的方式实际上促进着自由。我们再看清楚些，其实不是这些自由机构，而是战争，是战争产生出这些效果。这些围绕着自由机构的战争让非自由的本能持续。是战争教育人们走向自由。那么什么是自由？自由是自我负责的意志；自由是抓牢把我们分离开的那个距离；自由是面对艰苦、坚硬、贫困，甚至生命时的无所谓。自由是为了自己的事业随时准备牺牲他人（也包括自己）的生命。自由意味着那些男人的本能（战争和胜利的本能）在其他的本能之上，比方说，"幸福"的本能。变得自由的人，更不用说变得自由的精神，他用脚践踏那些众多的可鄙的幸福样式，而这种幸福正是小商贩、基督徒、母牛、女人、英国人和其他的民主人士所梦想的。自由的人是战士。——根据什么测量（单个人的以及族群的）自由呢？根据阻力，根据必须被克服的阻力；根据辛苦，让我们保持在上状态①的辛苦。人们应该在这样的地方寻找自由人的最高种类，在那里最高的阻力始终被克服，那里离独裁只有五步远，那里紧挨着成为奴仆的危险的门槛。如果人们把"独裁者"理解成无情的和令人恐怖的本能，以上说法在心理学上也是真实的。这种本能挑战着权威和自我管束的最大值。这个独裁者的美妙典型就是凯撒。以上说法在政治上也是真的，人们只能以自己的方式穿过历史。有些族群曾有某种价值或者说变得有价值，但这绝不是通过自由机构。巨大的危险从自由的机构中挖掘出一些令人敬畏的东西。是这一危险才教导着我们去认识我们的手段、我们的美德、我们的防卫与武器，以及我们的精神。危险逼迫我们变得强大……第一原理：人们必须有变强大的意愿，否则永远不会变强大。迄今存在过的贵族气派的社会，这些培育了强大的和最强大的人的地方所理解的自由和我所理解的自由是一样的：自由是人们要么有、要么没有的东西，是人们想要、想去占有的东西。

信仰有必要存在的地方

在道德主义者和圣徒中间，没有什么比正直更为少见

---

① 在上状态：超越常人的状态。

了。也许他们嘴上并不这样说，但是他们内心也是相信这一点的。如果一个信仰比他们故意的虚伪更有用、更有效并且更有说服力，那么出于本能，他们的这种虚伪马上就会变成无辜。这是理解伟大圣徒的第一原则。在哲学家那里（*另外一种伟大的圣徒*）也一样，存在整套的技巧让他们只说出某些真理。他们拥有让这些真理获得公共批准的技巧。用康德的话说就是，实践理性的真理。他们知道，他们必须证明什么，在这个方面他们确实是实践的（*实用的*）。在他们中间，他们对"真理"的认识达成一致。——"你不要撒谎！"——用德语说就是：我的哲学家先生，要避免说出真理……

对保守者的耳语

过去人们不知道，现在人们知道和能够知道的是：在任何意义和程度上的倒退和回归都是完全不可能的。我们心理学家至少知道这一点。但是所有的牧师和道德主义者都相信倒退和回归，他们想把人类带到、拧回到美德先前的尺度上。道德总是一张让人削足适履的床。在这里，甚至政治家也模仿了这些美德的布道者。至今仍存在这样的政党，它把所有事物的倒行作为自己梦想的目标。但是没有人能像螃蟹一样随意倒行。一切都是无用的，人必须前行，一点点地继续在颓废里前行(——这就是我对现代"进步"的定义……)。人们可以阻止这种发展,并且通过阻止人们拦住这一退化本身,积累它,把退化变得更加猛烈和突然。人们并没有更多的办法。

碳问
金刚石

你为什么这么坚硬?——有一次,厨房里的碳问金刚石:难道我们不是近亲吗?

你们为什么这么软?哦,我的弟兄们,我问你们:难道你们不是我的弟兄吗?

你们为什么这么软?你们为什么这么退缩和屈从?为什么在你们心中有这么多的否认和放弃?为什么在你们眼中有如此少的命运?

难道你们不曾想成为命运本身,并且意志坚定吗?过去你们是怎么能够和我一起——胜利的?

如果你们的坚硬不愿如霹雳般闪光,不愿意切割和切碎,那过去你们是怎么能够与我一起——去创造的?

显然,所有的创造者都是坚硬的。你们必然会觉得这是永恒的幸福,你们的手按在千年之上,就像按在蜡板之上一样——

——永恒的幸福，把千年的意志写上去，就像写入青铜，——比青铜还硬，比青铜还高贵，单单坚硬本身是最高贵的。

这块新的招牌，哦！我的弟兄们，我把它递给你们，对你们说：要硬！——

IV

《查拉图斯特拉如是说》——节选

《查拉图斯特拉如是说》最终于1885年写成，但直至1892年该书的第四部才与前三部合并出版。该书大都以小说的对话形式（也有些诗句），表达了许多对人生和哲学观念的见解，比如，人的三种变形、肉体以及美德等。书中的查拉图斯特拉是孤独的，但他有两个动物相伴：蛇和鹰。该书中查拉图斯特拉和八位高等人展开了非凡的对话，他们也都被他邀请至自己的洞穴，但查拉图斯特拉最终还是克服了对他们的同情。查拉图斯特拉的命令就是，人是应被克服的某种东西。

精神的三种变形：骆驼、狮子和小孩

**关于
三种变形**

我给你们列举精神的三种变形：精神如何变成骆驼，骆驼如何变成狮子，最后狮子如何变成小孩。

精神，这个强壮的能负重的精神，这个内含着诚敬的精神，存在着很多沉重的东西。但精神的强壮却要求着沉重和最沉重的东西。

什么东西重？能负重的精神这样问道，它要求负重，于是它俯下身，像骆驼一样，想要自己的背上好好地装载着重物。你们这些英雄，什么是最重的东西？能负重的精神这样问道，最重的东西让我来背，强壮的我会对此感到高兴。

对于能负重的精神来说，难道不是这样吗：它俯下身，难道不是为了给自己的高傲以痛感？它曝光自己的愚蠢，难道不是为了嘲讽自己的智慧？

或许是这样的：就在我们的事业庆祝它的胜利的时候和

它分离？登上高山就是为了诱惑那些引诱者。

或许是这样的：用知识的橡果和青草喂养自己，为了真理之故而承受灵魂的饥饿？

或许是这样的：自己生病了，却把安慰者打发回家，然后和那些永远听不到你的意愿的聋子交朋友？

或许是这样的：跳进肮脏的水里，如果这就是真理之水，却并不驱赶身边的冰冷的青蛙和炙热的蟾蜍？

或许是这样的：爱那些蔑视我们的人，当幽灵想吓唬我们的时候，我们却要和它握手？

所有最重的东西都被能负重的精神扛在肩上：像一头骆驼，驮着重物奔向沙漠，也就是说，奔向自己的沙漠。

但是在孤寂的沙漠里发生了第二次变形：在这里精神变成了狮子。它要为自己猎取自由，它要在自己的沙漠里成为主人。

精神在这里寻找自己最后的主人：它愿与之为敌，与自己最后的上帝为敌，它愿与巨龙搏斗，去获取胜利。

那个精神不愿再把它称之为主人和上帝的巨龙是什么呢？这条巨龙叫作"你应该"，但是狮子的精神却说"我愿意"。

"你应该"就挡在精神前进的路上，闪着金光，一个巨大的有鳞片的动物，在每一个鳞片上都闪烁着金色的"你应该"。

千年的价值就在这些鳞片上闪烁，于是那个所有龙中最有权力的龙说："事物的所有价值都在我这里闪烁。"

"所有的价值都已经创造，并且所有已创造的价值——那都是我。真的，不应该再有'我愿意'了！"这条最有力量的巨龙这样说道。

我的兄弟们，精神中为什么需要狮子？那能负重的、退避的和诚敬的动物难道还不够吗？

创造新价值——狮子也还没有这个能力，但是为新的创造开创出自由空间，这是狮子的力量能够办到的。

为自己创造自由，即使在义务面前也能说出神圣的不，我的兄弟们，对此，我们是需要狮子的。

为自己取得新价值的权利，这对能负重的和诚敬的精神来说是最可怕的取得。对这种精神来说，这种取得就是掠夺，一种掠夺性动物的行径。

先前，精神曾经爱着那个"你应该"，并把它作为自己的最神圣的东西。现在精神却还要在最神圣的东西里面发现疯狂和任意，这样它就从它之所爱中为自己抢夺自由。对于这种抢夺，我们需要狮子。

但是，我的兄弟们，狮子过去都不能做的，那孩子又能做什么呢？掠夺性的狮子还有必要变成孩子吗？

孩子是无辜和遗忘,一个新的开始、一个游戏、一个自转的轮、一种第一性的运动、一个神圣的肯定。

是的,我的兄弟们,为了创造性的游戏,我们需要一个神圣的肯定。现在精神意愿着自己的意志,失去世界的人赢回了自己的世界。

以上我给你们列举了精神的三种变形:精神如何变成了骆驼,骆驼如何变成了狮子,狮子如何变成了孩子。

查拉图斯特拉这样说着。那时候他居留在一个城里,那个城叫彩牛。

查拉图斯特拉说形形色色的人和事

**美德的
讲坛**

人们向查拉图斯特拉赞美一位智者,这位智者知道如何很好地谈论睡眠和美德。为此,该智者得到了很大的尊敬和很多的报酬,所有的年轻人都坐在他的讲坛前听讲。查拉图斯特拉也走到他那里去,和那些年轻人一起,坐在他的讲坛前听讲。这位智者说出了下面的话:

在睡眠面前,我们要保持尊重和羞耻心!这是第一位的!要避开所有睡不好的人和夜间清醒的人。

小偷在睡眠面前都是羞怯的,他总是在一整夜里都轻轻地干着行窃的事儿。而守夜人却是无耻的,他一整夜都无耻地背着自己的号角。

睡眠可不是微不足道的小技艺,为了能够入睡,我们有必要一整天都保持清醒。白天你必须克服自己十次,这样就会造成一种美好的疲劳,这是灵魂的罂粟。

你又必须自己和自己和解十次,因为自我克服是痛苦的。不和解者的睡眠也是糟糕的。

白天你必须发现十种真理,否则你在夜里还在寻找真理,如果这样,你的灵魂始终是不满足的。

白天你必须笑十次,并保持乐观,否则在夜里你的胃会折磨你。这个胃就是悲苦之父。

为了能够睡得好,人们必须拥有所有的美德。很少人知道这一点。

做伪证、通奸、玩弄邻居家的女仆。所有这些都是和好的睡眠不相协调的。

即使人们拥有了所有的美德,人们还必须搞懂一点:在适当的时候打发美德去睡觉。

这样做是为了不让这些美德——这些乖巧的小女人们——相互争吵,并且还是关于你而相互争吵。你这个不幸的人啊!

和上帝以及邻人和平相处,这是好睡眠所意愿的。并且还要和邻人的魔鬼和平相处,否则的话,在夜间它会在你身边出没。

尊敬上级并且听话,即使面对那些不正直的上级!这也是好的睡眠所意愿的。权力喜欢弯着腿(不正直地)走路。

对此，我能有什么办法呢？

对我来说，最好的牧人就是把他的羊引领到最绿的河谷草地上。这也是和好的睡眠相协调的。

太多的荣誉我不想要，太多的财宝我也不想要，因为它们使我的脾脏发炎。但是没有一个好的名声和一点点财富也是睡不好的。

对我来说，少许的朋友的陪伴比邪恶的朋友的陪伴更受欢迎些，但是这些陪伴者必须适时地来和适时地去。这也是和好的睡眠相协调的。

我也很喜欢精神上的贫穷者，因为他们促进睡眠。尤其是当人们总是认为他们是对的时候，他们是极度幸福的。

对于有美德的人来说，白天就是这样行进的。如果现在夜晚来了，我大概要避免呼唤睡眠！睡眠是不愿意被呼唤的。睡眠，它是美德的主人。

我是在想，我在白天做了什么和思考了什么。我像一头牛，耐心地、反刍似的问自己：你的十个自我克服是什么？

并且去思考十个自我和解是什么，十种真理是什么，对心脏有好处的十次大笑是什么。

思考着上述的东西，在四十个思想中掂量、权衡，就这样，睡眠一下子袭击了我。睡眠，这个不被召唤者，这个美德的主人。

睡眠敲击着我的眼睛,我的眼睛变沉重了。睡眠抚摸着我的嘴,于是我的嘴保持着张开的状态。

真的,睡眠轻轻地向我走来,这个小偷中最可爱的小偷,他正在偷窃我的思想,我傻傻地站在那,就像这个讲坛。

我不会站立太久,现在我已经躺下了。

当查拉图斯特拉听了这位智者的这一番话,他偷偷地笑了,因为一束光在他心中升起。于是他对自己的心灵说:对我来说,这里的这位怀揣着四十种思想的智者是个蠢货,但我相信,他大概是懂得睡眠的。

谁住在这位智者的近旁,谁就已经是幸福的!这样的一个睡眠是有传染性的,即使隔着厚厚的墙它也会传染过去。

在他的讲坛里,也内含着一种魔力。年轻人坐在这讲坛前,听着他有关美德的布道,这并不是白费功夫的。

他的智慧就是:醒着,就是为了睡好觉。真的,如果说人生没有意义,而我又必须从这些无意义中选择,那么对我来说,睡眠就是这些无意义中最值得人们选择的无意义。

现在我看得很清楚,先前人们在寻找美德的教师的时候,人们首先在寻找着什么。人们寻找的是良好的睡眠以及罂粟花一样的美德!

对所有这些坐在这讲坛上的被表扬的智者来说,智慧就是无梦的睡眠。除此之外,他们并不了解生命的其他的更高的意义。

今天还有一些像这位美德布道者一样的人,但他们并非总是十分诚实的一群人。但是他们的时代已经过去了。他们不会站立太久,因为他们已经躺下了。

这些睡眼惺忪的人是十分幸福的,因为他们很快就入睡了。

查拉图斯特拉这样说道。

关于肉体的蔑视者

我愿对肉体的蔑视者说出我要说的话,对我来说,他们不应该不断地教授和学习蔑视肉体的理论,而只应该对自己的肉体说一句"祝你活得健康",然后就保持沉默。

"我是肉体和灵魂",那个小孩子说。为什么人们不应该像小孩子一样说话呢?

但是那个觉醒者、有知识者却说:我完完全全就是肉体,此外什么也不是,灵魂只不过是一个词语,一个关于附着在肉体上的某物的词语。

肉体是一种伟大的理性,是一种具有单一意义的多、是一场战争和一个和平、是一个牧群和一个牧人。

你肉体的工具也是你的小理性，我的兄弟们，正是这个小理性你把它称为"精神"，它也是你大理性的工具和玩具。你说"我"，并对这个单词感到骄傲。但是更伟大的是你的肉体和你的大理性，但是它不说"我"，它做"我"。对此你却不愿意相信。

感官所感觉到的、精神所认识到的，就自身而言是从来就没有结尾的。但是感官和精神想说服你，它们就是所有事物的结局。精神和感官就是这么虚荣和自负。

感官和精神是工具和玩具。在它们后面还有"自身"。这个自身也用感官的眼睛来寻找，也用精神的耳朵来听。

这个自身总是在听着和寻找着。它比较着、强制着、占领着和破坏着。它统治着，并且是自我的控制者。

我的兄弟们，在你的思想和感情后面立着一位强大的主宰者，一个不为人知的智者。它就是这个自身。它住在你的肉体内，它就是你的肉体。

在你肉体中的理性比在你最好的智慧里的理性还要多。有谁知道，为什么你的肉体正好需要你最好的智慧？

你的自身嘲笑你的自我，嘲笑自我骄傲的跳跃。自身对自己说："对我来说，思想的这些跳跃和飞翔是些什么呢？是走向我的目的的弯路。我是自我的监护者，我是自我这个概念的鼓吹者。"

这个自身对自我说："在这里感受痛苦吧！"于是自我就承受着痛苦，并思考着，如何能不再承受痛苦。而自我就应该（顺从地）对此进行思考。

这个自身对自我说："在这里感受快乐吧！"于是自我就快乐着，并思考着，如何能经常快乐着。而自我就应该（顺从地）对此进行思考。

我愿对这些肉体的蔑视者说一句话。他们蔑视，这蔑视建构着他们的尊重。是什么创造了尊重、蔑视、价值和意志？这个创造着的自身为自己创造着尊重和蔑视，为自己创造着欢乐和痛苦。这个创造着的肉体为自己创造出精神，并把它作为自己意志的一只手。

你们这些肉体的蔑视者，即使在你们的愚蠢和蔑视中你们也服务着你们的自身。我告诉你们：你们的自身愿意死去，离开生命。

这个自身不再能做他最爱的事情：超越自己的创造。超越自己的创造是自身最爱的，这也是它的全部热情。

你们这些肉体的蔑视者，太晚了，你们的自身现在无法进行超越自己的创造，于是它愿意没落。

你们的自身愿意没落，于是你们变成了肉体的蔑视者！

因为你们不再能够进行超越自身的创造。

因此,你们对生命和大地感到生气。在你们的蔑视的怀疑的目光中有着不自知的嫉妒。

你们这些肉体的蔑视者,我不走你们的老路,对我来说,你们不是通向超人的桥梁。

查拉图斯特拉这样说道。

愉快与热情

我的兄弟,假如你有一种美德,而且这种美德已经属于你了,那么你和他人就不再是一样的了。

毫无疑问,你想唤着它的名字,与它温存;你想轻扯它的耳朵,与它愉快地游戏。

然而,你看!现在,你已将它的名字和大众混同在了一起,如此一来,你,和你的美德一起,都已经变成了群氓和牧群!

或者,你这样说更好些:"是什么让我的灵魂陷于痛苦和甜蜜之中?又是什么令我饥肠辘辘?这些都是不可言说的、无名的。"

你的美德与那亲昵的名字相比,显得过于高拔。如果你不得不谈论它,你大可不必羞怯于吞吞吐吐地去表达。

你就这样结结巴巴地说:"这是我所挚爱的善,嗯,我完全喜爱它,我只想要这样的善。

"我并不想把这善看作是上帝的法令,也不愿把它当作人类的规章和现实所迫的东西。于我而言,这个善并不是指向尘世之上和天堂的指路牌。

"我所爱的只是一个俗世间的美德,其中人们很难发现聪明,而理性则是最难发现的。

"但是,这只'善'鸟儿在我这里筑了巢。因此,我爱它,热情地拥抱它,它现在就在我这儿,孵化着它的金蛋。"

你就应该这样结结巴巴地赞美你的美德。

很久之前,你曾拥有热情并把它称为恶。然而,现在呢,你只剩下你的那些美德,但它们生发自你的热情。

对于这些热情,你曾将自己的最高的目标放在心中,于是,这些热情变成了你的美德和愉悦。

无论你是一个暴躁易怒的人,还是一个淫荡好色的人,是一个轻信的人,还是一个复仇欲极强的人,到最后你的所有的热情都变成了美德,你所有的魔鬼都变成了天使。

曾经,你在家里的地窖里豢养了一群野狗。可是,最后他们变成了鸟儿,变成了一群唱着动听歌曲的歌唱家。

从你的毒药中,你为自己调制出了香膏;在苦痛之牛的乳房里，你挤出了牛奶。现在，你啜饮着那甘甜的乳汁。

自此以后，不再有恶从你这里产生，即便有恶，也是诞生于你那些美德间的争斗。

我的兄弟，如果你幸运的话，那么你刚刚好只拥有一种美德，不用更多。这样，你更容易走过那座桥。

拥有许多美德是非凡的，但同时也背负了沉重的命运；有些人不堪重荷，走进沙漠去寻求自我了断。这是因为多种美德在他体内厮杀，他的身体已然成为它们相互残杀的战场。

我的兄弟，战争和杀戮是恶的吗？可这些恶都是必须的，你美德中的嫉妒、猜疑和诽谤也是必需的。

你看，你的那些美德们，每个都贪婪地争取那个最高者：每个都想占有你的整个精神，并把你的精神作为它的先锋，每个都想拥有你的愤怒与爱憎的全部力量。

每一种美德都在妒忌另外一个美德，而这妒忌是个可怕的东西。即便是美德也会毁于妒忌。

被那妒忌之火包围的人，最终会变成毒蝎，将那有毒的刺针戳向自己。

啊，我的兄弟，你难道还从未看到过一个美德的自我诽谤和自我扎刺吗？

人类是必须被超越的东西。所以，你应该爱你的那些美德，因为你将毁灭于你们的那些美德。

查拉图斯特拉这样说道。

苍白的罪犯

如果动物没有点头，那么你们这些法官和祭司就不愿意杀死它，是这样吗？你们看，这个苍白的罪犯已经点头了，但他的眼神里却透露出了巨大的蔑视。

他的眼神传达着这样的信息："我的自我是应该被超越的东西。对我来说，我的自我是对人类的巨大蔑视。"

判决自己是他至高无上的时刻。不要让崇高者再次回到他的低下的状态！

把自身作为痛苦来承担的人不能得到拯救，除了赶紧去死。你们这些法官啊，你们的杀戮应该是同情的表现，而不是报复的表现。你们看，你们是通过杀人的方式为生命辩护！

你们与被你们杀死的人的和解还不够。愿你们的悲伤是对超人的爱，这样你们就对你们的活着做了辩护。

你们应该称被你们杀死的人为"敌人"，而不是"恶棍"；你们应该称他们为"病人"，而不是"流氓"；你们应该称他们为"笨蛋"，而不是"罪人"。

你呢，红衣法官，如果你愿意大声说出你思想中的所有想法,那么就会有人呐喊:"滚蛋吧!你这个污秽物和毒虫!"

但是,思想是一回事,行动则是另一回事,行动的表象又是一回事,三者之间并没有因果关系。

一个表象使这个苍白的人变苍白。在他采取行动时,他与他的行动是匹配的,是一致的。但是在他采取行动以后,他却不能忍受该行动的表象。

他总视自己为某一行为的行为人,我称这种做法为疯狂。他把这次例外行为当成自己的本质行为。

一条人为的标线就束缚住了庸常的大众,同样,行为者所留下的行为轨迹禁锢了他的贫瘠的理性。我把这个叫作行动后的疯狂。

听着,你们这些法官!还有另一种狂妄,一种发生在行动之前的疯狂。啊,在我看来,你们还没有足够深地深入那灵魂!

红衣法官说:"这位罪犯谋害了什么?他想抢劫。"但是我跟你们说:他的灵魂想要的是血,而不是抢劫,他渴望的是刀子所给予的幸福!

但是,他的贫瘠的理性不理解这种疯狂,说服了他。他的理性说:"血算什么!你不想至少顺道抢劫一下吗?你不想报复吗?"

他听从了他的贫瘠的理性，理性的言论如铅般压住他，于是他在谋杀时，也同时在抢劫。他不想因他的疯狂而感到羞耻。

现在，他的罪恶感像铅块似的再次压住他，而且他贫瘠的理性同样还是如此生硬、麻痹和沉重。

只要他能摇摇头，他的重担就会滚落下来。但是谁在摇这个头呢？

这个人是什么啊？他是一堆疾病，这些疾病通过精神来到这世上，因为它们想获取猎物。

这个人是什么啊？他是一团狂野的蛇，它们互相折磨，很少能安静下来，于是他们为了自己而相互离开，寻找世上的猎物。

看这个可怜的躯体！他的遭遇和追求，都被这个可怜的灵魂给解释了。灵魂把躯体解释为对谋杀的兴趣和对刀子带来的幸福的渴望。

谁现在生病了，谁就遭受恶的袭击，那正在恶着的恶的袭击。他想用自己的痛苦折磨别人。但是，在过去曾有过不同的时代和不同的善与恶。

从前，怀疑是恶的，回归自身的意志也是恶的。那时，病人变成了异教徒和女巫。作为异教徒和女巫，他们自己受苦，他们也想让别人受苦。

但是，你们不想听这种话。你们告诉我：这会伤害你们的善。但是，对我来说，你们的善和我有什么关系呢！

你们的善里的很多东西让我恶心，而确实不是那些恶让我恶心。但我希望，他们有一种疯狂来促使他们走向灭亡，就像这个苍白的罪犯！

的确，我想把他们的疯狂称为真理、忠诚或正义。但是，他们还有美德，为了长久地活着，并过着可怜的舒适的生活，很遗憾，他们还有美德。

我是河流岸边的栏杆，能抓住我的人，抓住我吧！但我不是你们的拐杖。

查拉图斯特拉这样说道。

阅读与写作

在所有写下来的东西中，我只喜欢阅读那些作者用他的血写出来的东西。用血写作吧，你会发现血便是精神。

陌生者的血是不被轻易理解的，我痛恨那些能阅读的懒汉。

谁了解这样的懒汉读者，谁就不会再给他写东西。还有一个世纪的这样的读者，精神自身也将发臭了。

每一个人都被允许学习阅读，长此以往，这不仅败坏了写作，而且败坏了思考。

从前精神就是上帝，然后精神变成了人，现在精神变成了庸众。

用血和格言写作的人，他的意愿不是被阅读，而是被熟记于心。

在山脉中，最短距离就是两个峰顶之间的距离，但是你必须有很长的双腿才能跨越过去。格言就是山的峰顶，只有那些高大非凡的人才能洞悉其中的深意。

空气稀薄而纯净，危险就在近旁，精神里充满着欢快的恶，这一切都互相配合得很好。

我愿意让精灵围绕着我，因为我勇敢。勇敢吓走鬼魅，为自己制造精灵。这样的勇敢想要的是大笑。

我的感觉不再与你们相同：我看见了脚下的云，我嘲笑它的乌黑与沉重，而这恰恰就是你们的雷雨云。

你们追求高升时，会仰望上空，我却俯视着，因为我已经在高处了。你们当中有谁能同时在高处，还同时能大笑呢？登上最高峰的人，他嘲笑一切悲剧的表演和悲剧的严肃。

漠然、嘲讽、暴虐，智慧希望我们如此。智慧是一个妇人，她只欣赏一名战士。

你们告诉我生活难以忍受，然而你们为什么上午高傲不屈而晚上又听天由命呢?

生活难以忍受,那生活就不要对我这么温柔。我们所有人都是漂亮的能负重的公驴和母驴。

如果我们如此地不受生活的重压,那么我们与那在一颗露珠的压力下就战栗着的玫瑰花苞又有什么区别呢?

这是真理:我们爱生活,并不是因为我们习惯于生活,而是习惯于爱。

爱中常常有疯狂,而疯狂中也常常有理性。

即使在我这个善待生活的人看来,蝴蝶、肥皂泡以及诸如此类的人间的事物,它们最懂什么是幸福。

看见那些轻盈的、愚笨的、娇小的和好动的小灵魂,查拉图斯特拉被诱使得流泪和歌唱。

我只会相信一个善于跳舞的上帝。

当我看见我的魔鬼时,我发现他严肃、彻底、深刻和庄严。这是重力的精神,万物都因他的吸引而倒下。

我们可以笑着杀人,而不是怒气冲冲地杀人。起来!让我们杀了这重力的精神吧。

我已经学会了行走,此后我还要让自己跑起来,我已学会了飞翔,此后我想不需要借助外力就拔地而起。

现在我是轻盈的,现在我在飞翔,我看见我下面的我。

现在有一个上帝正舞蹈着穿过我。

查拉图斯特拉这样说道。

死之宣讲者

有宣讲死亡的人。大地上充满了这样的人，人们有必要向他们宣讲"离弃生命"的学说。

大地上充满了多余的人，生命正是因为这些过多的人而腐败了。但愿有人能用"永生"把他们从生命中引诱走。

人们把死之宣讲者称为"黄色"或"黑色"的人。但是，我还要用其他的颜色向你们展示这些死之宣讲者。

那些可怕的人就在那里，他们带着其内心的野兽到处游荡。他们别无选择，他们要么放纵欲望，要么自我折磨。并且他们的欲望本身也还是自我折磨。

这些可怕的人，他们从来就没有成为过人。愿他们宣讲离弃生命的学说吧！并且亲自赴死！

有灵魂的肺痨患者，他们一降生便开始死亡。他们向往着有关倦怠和放弃的学说。

他们喜欢死，我们应当赞赏他们的意志。但我们要小心，不要惊醒这些死人，不要损坏这些活棺材！

他们一看到病人、老人或尸体，就说："生命被否定了。"但其实被否定的只是他们自己或他们的眼睛。他们的眼睛只看到了生命存在的一个面相。

把自己包裹在厚厚的忧伤之中，迫切期待着那些能致死的偶然的小事，他们就这样咬紧牙关地等待着。

或者：他们像孩子一样去抓糖果，同时嘲笑自己的幼稚；他们把生命悬挂在他们的稻草之上，同时又嘲笑自己悬挂于稻草之上。

他们的智慧是：尚且活着的，便是蠢货，但我们都是这样的蠢货。这正是生命中最蠢的事情。

"活着就是受苦，"其他人这样说，他们没有撒谎。但是既然如此，那么你们就结束自己吧，并为结束这仅仅是受苦的生活而谋划吧！

他们的美德学说是：你应该自杀！你应该悄悄地自行离开这人世。

"肉欲是罪孽，"一些死之宣讲者这样说，"让我们回避肉欲，别生孩子！"

"生育是劳苦的，"另一些人又这样说，"为何还要生育？人类只能生出不幸！"这些人也是死亡的宣讲者。

"同情是必须的，"第三批人说，"拿走我所有的一切吧！拿走我之所以是我的一切吧！生命中束缚我的东西越少越好!"

如果他们是彻底的同情者,那么他们便会败坏他们周围的人对于生命的兴致。恶,或许是他们真正的善。

他们想要脱离生命,但他们却用链条和礼物把其他人更牢固地束缚住。不过,这并不是他们关心的事情。

还有你们,对你们来说,生命就是野蛮的工作和不安宁。你们不也对生命极其厌烦吗?你们不也到了该听死之宣讲的时候了吗?

你们所有人,你们喜爱野蛮的工作,喜爱快的、新的、陌生的事物。你们难以忍受自己,你们的勤奋是逃避和自我遗忘的意志。

如果你们更信仰生命,你们就会更少地把自己投身于瞬间。但你们自身缺乏足够的内容去等待,甚至缺乏内容去偷懒。

到处响彻着死之宣讲者的声音,大地上充满了必须听死之宣讲的人。

或者听"永生"的宣讲,但这对我来说是一样的,倘使这些人能够速速赴死。

查拉图斯特拉这样说道。

战争与
战争的人群

我们不想被我们最好的敌人所宽恕,也不想受到那些被我们从心底热爱的人的宽恕。就让我告诉你们真理吧!

我战争中的兄弟们啊!我深深地爱着你们,我过去是、现在仍是和你们同样的人。我也是你们最好的敌人。那就让我告诉你们真理吧!

我知道你们内心的恨与嫉妒。你们还没有伟大到足以不知道恨与嫉妒的地步。为了不对此感到惭愧,变得足够伟大吧!

如果你们不能成为知识的圣徒,对我来说,至少你们要成为知识的战士。知识的战士就是这样的神圣性的伴侣和前辈。

我看到许多士兵,而我想看到的是很多的战士!人们称他们的衣着为"制服",其含义是"同一种形式",但愿他们用制服掩藏的东西并不都具有"同一种形式"!

你们应该成为这种人,他们的眼睛总是搜寻着一个敌人,搜寻着你们的敌人。在你们中的一些人那里,存在着一种直接的恨。

你们应当自己去寻找你们的敌人,你们应该去打你们的仗,为了你们的思想作战!如果你们的思想败了,那么你们的对失败的正直态度应该依然呼唤胜利!

你们应当热爱和平，把它作为新战争的手段来热爱。你们爱短暂的和平应该比爱长久的和平更多。

我不建议你们去工作，而是建议你们去战斗。我不建议你们追求和平，而是建议你们追求胜利。你们的工作就是战斗，你们的和平就是胜利！

如果人们有弓箭，那么人们就只能沉默与静坐；否则人们就要闲谈与吵架。你们的和平就是胜利！

你们说，甚至把战争都神圣化的事情是好事情吗？我要告诉你们，把任何事情都神圣化的战争就是好的战争。

战争与勇气成就了比博爱（邻人之爱）更伟大的事情。迄今为止，不是你们的同情，而是你们的勇敢拯救了那些不幸的人们。

你们问，什么是好的？勇敢是好的。如果你们让小女孩儿回答这个问题，她们会说"美丽又动人的就是好的"。

人们说你们没心没肺、冷酷无情，但你们的心是真实的。我爱你们发自内心的羞愧。你们羞于自己的涨潮，其他人羞于自己的落潮。

你们丑陋吗？那好吧，我的兄弟们！如果你们是丑陋的，那么你们就拿去包裹着你们的崇高，丑陋是崇高者的外套！

当你们的灵魂变得伟大，它也会同时变得傲慢，你们的崇高里有着邪恶。我是了解你们的。

在邪恶之中，傲慢者与懦夫相遇。但他们却相互误会。我是了解你们的。

你们应该只拥有可以去厌恨的敌人，而不是拥有可以去蔑视的敌人。你们必须为你们的敌人感到骄傲，这样你们的敌人的成功也是你们自己的成功。

反抗是奴隶的高贵。而你们战士的高贵是服从！你们的命令本身就是服从！

对于一个好的战士来说，"你应该"比"我愿意"听起来更悦耳。所有你们喜欢的，应当是首先让别人给你们下达命令。

你们对生活的爱就是对你们的最高希望的爱，你们的最高希望就是生活的最高思想！

但你们的最高思想应当听从我的命令。我的命令就是，人是应被克服的某种东西。所以就这样去过你们那服从与战争的生活吧！漫长的人生还有什么意义！哪些战士还想要受到保护！

我不保护你们，我深深地爱着你们，我那战争中的兄弟们！

查拉图斯特拉这样说道。

市场的苍蝇

逃吧，我的朋友，逃到你的寂寞中去吧！我看见你被大人物们的喧闹震聋，被小人物们的毒刺蜇伤。

森林与岩石知道如何庄严地与你一起沉默。又像那棵你喜爱的大树，那棵枝繁叶茂的大树：它安静地斜斜地悬于大海之上，静静地倾听着。

寂寞停止的地方，就是市场开始的地方。市场开始的地方，伟大的表演者的喧闹也开始了，毒苍蝇们的嗡嗡声也开始了。

世界上最好的东西还是毫无用处的，如果它们没有被一个人表演出来的话。民众称这一表演者为伟大人物。

民众对什么是伟大理解得很少，这就是说，他们对什么是创造理解很少。但民众对伟大事物的演出者和表演者却都有着（直接的）感知。

世界围绕着新价值的发明者旋转，但这种旋转是不可见的。然而，民众和名誉却围绕着表演者旋转，这便是世界的运作。

这个表演者拥有精神，但缺少精神的良知。他总是相信那个使他坚信不疑的东西——那个使他相信自己的东西！

明天他会有一种新的信仰，后天他会有一个更新的信仰。他和民众一样，有着敏锐的感官和多变的嗅觉。

颠倒——对他来说意味着证明。使人疯狂——对他来说意味着使人信服。相比一切其他的理由，鲜血被他视为最好的理由。

一个只能钻入精细的耳朵的真理，被他称之为谎言和虚无。的确，他只相信在世界上制造出巨大喧闹的诸神。

市场里充斥着欢庆的小丑——民众夸耀他们的大人物！对民众来说，他们就是这个时刻的主宰。

但这一时刻催迫着他们，他们因此催迫着你。他们也想从你这获得肯定或否定的答案。唉唉，你愿意把你的座椅置于支持和反对之间吗？

你这个热爱真理的人，不要因为这些绝对的人和催迫的人而心生嫉妒。真理还从未挽着一个绝对者的胳膊。

因为这些突如其来的人，撤退到你的安全之处吧。只有在市场上，人们才会被"是"或"否"所袭扰。

所有深井的体验都是缓慢的。深井必须等待很久才能知道，是什么东西坠入其深处。

一切伟大的事物都远离市场和名誉，新价值的发明者向来居住在远离市场和名誉的地方。

逃吧，我的朋友，逃到你的寂寞中去吧！我看见你被毒蝇蜇伤。逃吧！逃到那吹着刺骨和猛烈的风的地方去吧！

逃到你的寂寞中去吧！你曾和小人与可怜之人生活得太近了。逃避开他们无形的报复吧！他们除了用报复对待你，并没有其他办法。

别再抬起手臂反抗他们！他们是不计其数的，你的使命并不是成为苍蝇拍。

小人和可怜之人不计其数，雨滴和杂草已经造成一些雄伟建筑的坍塌。

你不是石头，但你已经被许多雨滴蚀空。在我看来，你还会被许多的雨滴所侵蚀，进而破碎。

我看见你被毒蝇折磨得疲惫不堪，我看见你身上有上百处被挠得血迹斑斑，而你的傲气却不愿因此动怒。

毒蝇想要毫无罪恶地从你身上吸血，它们无血的灵魂渴求鲜血，于是它们毫无罪恶地蜇刺。

但是，你这深沉之人啊！即使是小伤口，你也感到深深的煎熬。在你还未痊愈之前，同样的毒虫在你的手上爬过。

对我来说，你太高傲了，不屑去杀死这些馋虫。但你要当心，不要承担它们所有的恶毒的不公，并让它们成为你的灾难！

毒蝇们在你周围发出嗡嗡的赞美声，它们的赞美是纠缠不休的。它们想要接近你的皮肤和血液。

毒蝇们谄媚地对待你,就如谄媚地对待一个神或魔鬼;它们向你哀求,如同哀求一个神或魔鬼。这会造成什么!也就是些谄媚者和哀求者,别无其他。

毒蝇们也常常在你面前表现成一个值得喜爱的人。但这一直是胆小者的聪明之处。是的,胆小者是聪明的!

毒蝇们多以狭隘的灵魂思忖你,因为,在它们看来,你总是让人怀疑的!凡被过多思考过的一切,都将是可疑的。

毒蝇们因为你所有的道德而惩罚你。从根本上来说,它们只原谅你的错误的行为。

因为你性格温和、思想正直,你说:"它们的存在是渺小的,因而它们是无罪的。"但毒蝇们狭隘的灵魂却想:"一切伟大的存在都是有罪的。"

即使你温柔地对待它们,它们依旧觉得受到你的轻视,它们用隐蔽的伤害回馈你的善举。

你沉默的骄傲总与它们的品位相违。如若你曾足够谦虚,它们则虚荣地欢呼。

我们从一个人身上认出的东西,也是我们能点燃他的东西。那么,当心小人吧!

小人们在你的面前感到渺小,在对你隐而不彰的复仇中，他们的低微却在闷烧。

你有没有注意到，当你走向他们的时候，他们时常沉默不语，就如那正在熄灭之火的余烟，他们的力量是怎样从他们的身上离开的呢？

是啊，我的朋友，你是你邻人的坏良心，因为他们配不上你。因此他们恨你，喜欢吸你的血。

你的邻人将一直是毒蝇。你的伟大之处——这必定会使他们更毒、更像苍蝇。

逃吧，我的朋友，逃到你的寂寞中吧，逃到那吹着刺骨和猛烈的狂风的地方去吧。你的使命不该成为苍蝇拍。

查拉图斯特拉这样说道。

同情者

我的朋友们，你们的朋友受到了一种嘲讽："看看查拉图斯特拉！他在我们中行走，难道不像在动物之间行走吗？"

但这样说更好一些："认识者在人群中行走，如同行走在动物之间。"

但是对于认识者来说，人类自身就是有着红脸颊的动物。人怎么有红脸颊呢？不是因为人必须经常感到羞愧吗？噢，我的朋友们！认识者这样说：羞愧、羞愧、羞愧——

这就是人类的历史!

因此高贵的人要求自己不去做让别人感到羞愧的事情，高贵的人要求自己只在正在承受痛苦的人面前感到羞愧。

真的，我不喜欢慈善者，他们在同情别人时感到极度幸福。但他们太缺少羞愧之心了。

如果我必须同情他人，我也不愿被称为同情者；如果我是同情者，那么，我喜欢远远地施以同情。

在别人认出我是同情者之前，我喜欢蒙住头离开。我的朋友们，我也要求你们这样做!

愿我的命运一直引领着和你们一样没有痛苦的人走我的路，当然还有那些和我有着共同的希望，并且能共享晚餐和蜂蜜的人。

真的，我过去也许为受苦者做过这样和那样的事情，但是，如果我能学着让自己更加快乐，那么我好像永远在做着更好的事情。

自从有人类以来，人们的快乐太少了。单是这一点，我的兄弟们，就是我们的原罪!

我们学习如何给自己带来更多快乐，这样我们就能更好地忘记给他人带来痛苦，以及去编造痛苦。

因此，我洗净我那帮助受苦者的手，以此我也擦净我的灵魂。

因为，我曾看到受苦者在受苦，我为他的羞耻心感到羞愧。当我帮助他时，我残酷地伤害了他的自尊。

伟大的义务不能让人心里生出感谢，反而生长出报复欲。如果小的善举没被忘记，那么就会从中生长出蛀虫。

我建议那些无可施予者[①]："冷漠地接受施予吧！你们因这样的接受施予的方式而与众不同。"

然而，我是一个施予者，我喜欢作为朋友赠予自己的友人礼物。陌生人和贫穷的人可以自己为自己从我的树上摘去那些果实，这样他们就少些羞愧感。

但是，人们要彻底取缔行乞行为！确实，给不给乞丐东西，都会让人生气。

同样，我们也要取缔罪人、取缔坏良心。我的朋友们，请你们相信我，良心的撕扯（良心不安）会让他们去撕扯他人。

但是，最恶劣的是狭隘的思想。真的，狭隘的思想还不如恶行好。

你们虽然说："做些小恶的乐趣可以避免我们去做一些大恶。"但在这里，大小恶都不应该避免。

恶行就像溃疡：发痒、要人挠、破烂。恶行是诚实的。

---

① 无可施予者：一无所有，没有东西能给别人的人。

"看,我是疾病。"恶行这样说。这就是恶行的诚实。

但是狭隘的思想却如同真菌:匍匐爬行,压抑自己,不想在任何地方停留。直到整个躯体被小真菌腐蚀、变得枯萎。

我要跟被魔鬼控制的人说这样一句话:把你的魔鬼养大是你更好的选择,对你来说,这同样也是一条伟大的道路。

啊,我的兄弟们!人们从每个人那里都知道一些太多的东西!有些人对我们而言成了透明的,但是,正因为如此,我们还远远不能穿越他们而去。

与人生活在一起是困难的,因为沉默是如此的困难。

不是对于那些令我们厌恶的人,我们最不公平,而是对于那些根本和我们不相干的人,我们才最不公平。

如果你有一个受苦的朋友,你就成为他的痛苦的一个休息场所吧,但这个休息场所像是一张硬床、一张行军床。这样你对他来说是最有用的。

如果有朋友对你做了些让你恶心的事,你就这样说:"我原谅你对我做过的事;但是你对你自己也做这种事,我怎样能原谅你呢?"

一切伟大的爱都如是说:爱也超越原谅和同情。

人们应该坚守自己的内心,不让同情心泛滥,因为一旦放任内心的同情,头脑就会失去控制。

啊，世界上有什么地方曾发生过比在同情者那里更愚蠢的事情吗？世界上还有什么东西比同情的愚蠢造成更多痛苦的吗？

所有那些施爱者都是多么地不幸啊！因为他们还没有拥有一个超越同情的高度。

魔鬼曾经对我说："上帝也有它的地狱，那就是他对人类的爱。"

最近，我听到魔鬼对我说："上帝死了，死于对人类的同情。"

因此，我警告你们，要谨防同情。一片沉重的云向人类飘来！我真的懂天气信号！

但你们也要记住这句话：所有伟大的爱都超越其同情，因为它还想创造他所爱的东西。

所有的创造者说："我把自己献给我的爱，邻人也与我一样。"

但所有的创造者都是严酷的。

查拉图斯特拉这样说道。

有美德者

人们必须用雷霆天火与睡眠和正在睡眠的感官讲话。

可是美的声音是轻柔的，它只悄悄地溜进那些最清醒的灵魂。

今天我的盾轻柔地颤动着，向我笑着，这是美的神圣的笑与颤动。

我的美今天正在嘲笑你们这些有美德者。于是，这时我的美的声音传到了我的耳朵里："这些有美德者也想要报酬。"

你们还想要报酬啊？你们这些有美德者！你们是在为美德而要报酬，为地而要天，为你们的今天而要永恒吗？

由于我的学说教导说，根本就不存在什么酬金和会计，你们现在对我生气了吗？真的，我不止一次地教导说：美德就是它自己的酬金。

啊，这就是我的悲哀，因为在事物的根基处，人们已经放入了酬金和惩罚。现在这酬金和惩罚又放入了你们的灵魂里，放入了你们这些有美德者的灵魂里。

但我的话应该像公猪的长鼻子一样掀起你们灵魂的根基，我愿被你们称作犁铧。

你们灵魂根基处的所有秘密都应该被带到亮光之下。如果你们被掀开、打碎，就这样地躺在阳光里，那么你们的谎言和你们的真理也将分离开来。

因为你们的真理是这样的：面对复仇、惩罚、酬金、报复这些肮脏的话语，你们这些有美德者太纯洁了。

你们爱自身的美德，就如同一位母亲疼爱自己的孩子，但是人们什么时候听说过一位母亲向她的子女索要爱的报酬？

你们的美德就是你们最可爱的自身。在你们心中，存在着圆环般的饥渴。为了重新到达自身，为此每个圆环都在搏斗着、旋转着。

你们这些有美德者的每一件作品就如同那颗正在消失的星星。这颗星星的光总还在路上漫游着。这束光将于什么时候不再在漫游的途中呢？

即使工作已经完成，你们美德的光依然在路上。也许它已经被遗忘或者已经死去，但它的光芒仍然活着、漫游着。

你们的美德就是你们自己，它不是陌生之物，不是一张皮，也不是假面具。那是来自你们灵魂深处的真理，你们这些有美德者！

可是确实存在一些人，对他们来说，美德就是鞭子下的抽搐。对于我来说，你们已经听到了太多的他们的号叫声。还有一些人，他们把美德叫作他们恶习的懒惰（恶习的不作为）。当他们的仇恨和嫉妒刚一伸展其躯体，他们的"正义"就清醒过来，并揉着惺忪的双眼。

还有另外一些人，他们被拖曳着向下，是魔鬼在拖曳着他们。然而他们越是下沉,他们的眼睛便越是炙热,他们对上帝的欲望也越是热烈。

你们这些有美德者,他们的喊叫钻进你们的耳朵,"对于我来说,我所不是的东西就是上帝和美德。"

还存在着一些人,他们拖着沉重的步伐,嘎吱嘎吱地走来,就像载着石头下山的货车。他们大谈尊严和美德。但他们却把制动工具叫作美德。

还存在着一些人,他们就像上紧发条的日常时钟,滴答作响的日常时钟。这些人想要人们把这滴答声称为道德。

真的,我对这些时钟美德人很感兴趣,每当我遇到这些时钟美德人,我将用我的嘲笑把他们的发条拧紧,于是,他们面对我就得呼呼作响。

还有一些人,他们对自己的少许的正义感到骄傲,并且由于他们的这一点点正义,他们就亵渎所有的事物,因为在他们看来,世界将淹死于自己的非正义之中。

哎呀,"美德"一词从他们的嘴中说出是多么的令人恶心啊!当他们说"我是正义的",那么这声音听起来就好像"我被报复了"。

他们想要用自己的美德挖去他们的敌人的眼睛。他们抬高自己,只是为了贬低别人。

还存在着这样一些人，他们坐在泥沼中，从芦苇丛中传出他们的声音："美德就是静静地坐在泥沼之中。我们不咬任何人，同时也避开那些爱咬人者。总之，我们拥有着人们给我们的意见。"

也还存在着这样的人，他们爱外在的姿态，他们认为，美德就是一种外在的姿态。

他们的膝盖在不断地跪拜，他们的双手是对美德的赞扬，但他们的内心却对美德一无所知。

还有这样一些人，他们认为，只要嘴上说"美德是必须的"就行了，这样说说就是美德，但骨子里他们仅相信，警察是必须的，而不是美德是必须的。

也有一些人，他们不能看到人类的崇高，他们认为，美德就是能像他们一样十分切近地观看人类的低下，于是他们把自己凶恶的目光叫作美德。

一些人想要树立，于是把树立称为美德；另一些人想要推翻，于是把推翻称为美德。

于是几乎所有人都相信，他们都是道德概念的化身，至少每个人都想成为分辨善恶的专家。

但查拉图斯特拉此行的目的并不是去告诉所有这些骗子和蠢货："你们知道什么是美德？你们怎能知道什么是道

德！"我的朋友们，查拉图斯特拉此行的目的是让你们对这些从骗子和蠢货那里学来的陈词滥调感到厌倦。

愿你们厌倦于"酬金""报复""惩罚""正义中的复仇"这样的话语。

愿你们不再说这样的话"一个行为是善良的，因为它是无私的"。

啊，我的朋友们，是你们自己在你们的行为中，就像母亲在孩子中。对我来说，这就是你们美德的话语。

真的，我大概是夺去了你们对于美德的上百种说法，以及你们的美德的最心爱的玩具，现在你们就如同孩子一样来对我发怒吧！

孩子们在海边玩耍，一阵波浪袭来，把他们的玩具卷到深处。孩子们于是哭泣。

但是，这同一个波浪也会给他们带来新的玩具，并在他们面前洒下新的、多彩的贝壳。

于是孩子们得到了安慰，你们也一样，我的朋友们！你们也会得到你们的安慰——新的多彩的贝壳。

查拉图斯特拉这样说道。

著名的智者

所有著名的智者啊！你们是为民众和民众的迷信服务的——而不是为真理服务！正因如此，人们向你们表示敬意。由此人们也容忍你们的不信仰，因为这种不信仰对民众来说是一个笑话和一段弯路。主人就是这样满足他的奴隶的，并对奴隶们的放纵感到高兴。

但谁被民众所憎恶——就像一匹狼被狗憎恶一样，那么他就是自由精神、枷锁的敌人、不做礼拜的人、隐居山林的人。

把隐居的人从藏身之处驱赶出来——这对民众来说始终是"正义的意义"。民众的那有着锋利牙齿的狗还总是对他追赶袭击。

"因为真理在哪，民众就在哪！哎，寻求者是多么的不幸啊！"——一向就有这样的哀叹。

你们想要在民众的敬仰中为他们创造正义，你们称这种正义为"真理的意志"，你们这些著名的智者啊！

你们的内心也总对自己说："我来自民众。对我而言，上帝的声音也是从民众那里来的。"

作为民众的代言人，你们总是变得像驴子一样顽固且聪明。一些强权者想要和民众和谐相处，于是他在自己的马匹前还要驾上一头小驴。这头小驴就是一个著名的智者。

现在我希望你们，这些著名的智者，应该最终把狮皮完全从你们的身上抛弃掉！

你们应该抛弃掉那有着花斑的野兽皮，还有那研究者、找寻者、侵占者的毛发！

啊，要我学会相信你们的"真诚"，对此你们必须首先为我粉碎你们敬仰的意志。

我把那走入无神的荒漠并粉碎了其敬仰之心的人称为真诚的。

在黄沙中被太阳灼烧，他也许对富于泉水的岛屿十分渴望，因为在那岛屿上生灵们栖息在树荫之下。

但他的渴望并不能说服他自己变得和那些舒适者一样，因为有绿洲的地方也就有偶像崇拜。

狮子的意志本身想要这样：饥饿的、暴力的、孤独的、不信神的。

真诚者的意志是这样的：从奴仆的幸福中摆脱出来、从诸神和礼拜中解脱出来，无畏且可怕、伟大而孤独。

真诚的人和自由的精灵向来以沙漠的主人的身份住在沙漠中；而城市中住着的是被喂养得很好的人、著名的智者。他们只是些驮畜。

也就是说，他们总是被作为驴子拉着民众的车！

我并不对此感到气愤，即使他们从金色的马具中发出光芒，但在我看来，他们仍是奴仆和被安上马具的牲畜。

他们常常是好的仆人、物美价廉的仆人。因为美德是这样说的："如果你必须是奴仆，那就去找那个最会利用你的服务的那位主人！

"你主人的精神和美德应当通过你是他的仆人而增长；于是，你自己也同主人的精神和美德一起增长。"

真的，你们这些著名的智者，你们这些民众的仆人！你们自己与民众的精神和美德一同增长，民众通过你们增长！我说这些，为了向你们表示敬意。

在我看来，在你们的美德中，你们仍还是民众，目光愚蠢的民众，不知道精神是什么的民众。

精神就是自己切割自己的生命。自己的知识随着自身的痛苦而增加。你们已经知道这一点了吗？

精神的幸福在于：被涂抹上圣油，通过眼泪被神圣化成为牺牲。你们已经知道这一点了吗？

盲人的盲视以及他的寻找和摸索，应该还能证明他曾经见到过那阳光的力量。你们已经知道这一点了吗？

认知者应该与山峰一同学习建造！精神移山的情况是很

少的。你们已经知道这一点了吗？

你们只知道精神的火花，但你们看不到它是一块铁砧，你们不知道它的锤子的残暴！

真的，你们不知道精神的骄傲！你们或许更不能忍受精神的谦卑，如若这谦卑要发言的话。

而且你们还绝不能将你们的精神抛入一个雪坑中：你们还没有足够的炽热去做这个！因此你们也不知道它的冷酷的喜悦。

对我而言，你们在所有方面都与精神太亲近了。你们经常将智慧变成坏诗人的救济所和医院。

你们不是鹰，所以你们也不能经历精神在被惊吓时的幸福。如若不是飞鸟，就不应在深渊上方栖息。

我觉得你们是温热的，但每一种深邃的知识都在寒冷地涌动。精神最内在的井是冰冷的。对热的手和热的行动者来说，这种冰冷是振奋精神的。

你们这些著名的智者啊！你们可敬地站在我面前，僵硬地、挺直着背。没有强风和意志能够推动你们。

你们从未见过那被吹鼓成圆形、航行在大海之上的风帆在暴风里颤抖着前进吗？

我的智慧就如那风帆，它战栗于狂暴的精神，航行在大海之上——我狂野的智慧！

但你们这些人民的仆人，你们这些著名的智者，怎能与我同行！

查拉图斯特拉这样说道。

论崇高者

我的海底是平静的，但有人大概已经猜到它隐藏着爱开玩笑的怪物！

我的内心深处是坚定不移的，但它却闪烁着飘忽不定的谜和大笑。

今天我看到一位崇高者，一位庄重者，一位精神的忏悔者。哦，我的灵魂是如何地嘲笑着他的丑陋啊！

他鼓起胸腔，像是在吸气。他就那样站在那里，那位崇高者，一言不发。

他身上挂着丑陋的真理，那是他的猎获物。他有很多撕破的衣服。他身上也挂着很多荆棘，但我还没有看到玫瑰。

他还没有学习笑和美。这位猎人脸色阴沉地从知识的森林里回来。

他同野兽搏斗后归来，但他严肃的目光中透出另一只野兽———只不被征服的野兽！

他像一只想要跳跃的老虎一样始终站在那里。可是我不喜欢这种紧绷的灵魂,我的趣味讨厌所有退缩者。

朋友们,你们想要告诉我不能对趣味和品味进行争论吗?但是,不要忘记,所有的生命都是对趣味和品味的争论!

趣味:它是砝码,是秤盘,同时也是称重者。所有那些想要不争论砝码、秤盘、称重者的生活是多么的不幸啊!

当这崇高者厌倦了他的崇高时,他的美才会开始。——这时候,我才要品味他,并发现他是有趣味的。

只有在他避开自己时,他才会跳过自己的阴影——并且真的进入到他的阳光里。

他在阴影里坐得太久,这个精神忏悔者的脸颊都变得苍白了。他几乎在自己的期待中饿死。

他的眼里仍有着蔑视。他的嘴边隐藏着厌恶。虽然他现在在休息,可他仍不在阳光中休息。

他应该像公牛一样行事。他的幸福应该散发出大地的气味,而不是对大地的蔑视。

我想将其看成白色的公牛,看他如何喘息着、吼叫着走在犁头的前面。他的吼叫应该赞美大地的一切!

他的脸色还很阴暗。手的影子在他脸上浮动。他视觉的感官仍然被蒙在阴影中。

他的行为本身仍然是他身上的阴影,因为手使得用手行动的人变得阴暗。他尚未克服他的行为。

我大概喜欢他的牛脖子,但现在我也仍想要看到天使的眼睛。

他也仍必须忘记他的英雄意志:在我看来,他应该是一个高雅的人而不光光是一个崇高者——苍穹本身应将其举起,这个无意志者!

他制服怪物,解开谜题。但他应该制服他自己的怪物,解开他自己的谜题,他还应该把这些怪物和谜题变成天上的孩子。

他的知识还没有学会微笑,还没有丢掉嫉妒。他奔腾的热情还没有在美中变得宁静。

真的,他的渴望不应该在满足中、而应该在美中变得沉默并隐匿起来!优美属于有宽阔思想者的宽宏大量者。

把胳膊放在头上,英雄应该这样休息,英雄也仍应该这样克服他的休息。

然而,恰恰对于英雄来说,美是所有事物中最难的。对于一切强烈的意志来说,美都是不可获得的。

多一点点放松,少一点点紧张,因为就是在这里这东西很多,就是在这里,这东西最多。

放松肌肉，卸下意志的鞍辔，这对你们所有人，你们这些崇高者来说是最难的。

当强力变得仁慈，降临到可见的事物中时，我将这种降临称为美。

强力者啊，我正是对你要求美，这超过对其他任何人的要求。你的善良是你最终的自我征服。

我相信你会做出一切恶事，所以我要求你善良。

真的，我经常嘲笑弱者。他们相信自己是善的，因为他们有一瘸一拐的腿脚！

你应该竭力追求柱子的美德，因为柱子越往高处延伸，它就越精致，而内在却会变得更坚挺、更有承受力。

是的，你这位崇高者，有一天你也应当变得美丽，拿起镜子欣赏你自己的美。

你的灵魂将因为神圣的欲望而战栗。在你的虚荣中仍然会有崇拜！

这就是灵魂的秘密，因为只有当英雄离开它的时候，才有超英雄在梦中走近它。

查拉图斯特拉这样说道。

诗人

"自从我对身体有了进一步的认识以来，"查拉图特斯拉对他的一位学生说，"对我来说，精神似乎只是精神，一切不朽的东西也只是一个比喻。"

"这话我听你说过一次了，"学生回答，"你当时还补充道，'但诗人撒的谎太多'。但你为何说，诗人撒谎太多呢？""为什么？"查拉图斯特拉说，"你问为什么？我可不是那种被质问为什么的人。

"这难道是我昨天才经历的吗？很久之前，我就经历了产生这种观点的原因了。

"如果我连我的原因都整天随身带着，那我得自己去当一个装着记忆的桶吗？

"单是保存我自己的观点就已经很过分了，并且一些鸟飞离了。

"我偶尔也会在我的鸽棚中发现一只飞到这儿来的动物，我不认识这种动物，当我把手放在它的身上时，它的身体会发抖。

"但是查拉图斯特拉以前对你说过什么？说诗人撒谎过多？但查拉图斯特拉自己也是一位诗人。

"你现在相信，他在这一点上说的是实话吗？你为什么相信他的话？"

这位学生回答道："我信仰查拉图斯特拉。"但查拉图斯特拉却摇摇头，微笑了。

查拉图斯特拉说："这种信仰并不会让我感到特别幸福，特别是对我的信仰。"

但如果有人严肃地对所有人说，诗人撒的谎最多，那么他是对的，我们撒的谎确实太多。

我们知道的也不多，并且是糟糕的学习者，所以我们不得不撒谎。

在我们诗人当中，又有谁没有给他的葡萄酒掺过假呢？我们在我们的地窖里制造了一些有毒的混杂物，一些难以描述的事也在那里发生。

因为我们知道得少，我们内心最喜爱的是精神贫瘠者，尤其是年轻的女人们！

即使每晚听着那些年老的妇人们所讲述的事情，我们仍还不满足。这就是我们所说的我们身上的永恒的女性。

就像是有一条特别的、通往知识的秘密通道，但是对于那些正在学一些知识的人来说，这条通道却是掩埋着的。所以我们信仰人民以及其"智慧"。

但所有的诗人都相信，谁要是躺在草地上或无人的山坡上竖起耳朵仔细听,谁就会从天地间体验到一些东西。

如果这些诗人们感受到了温柔的触动,他们就总认为,大自然自己爱上了他们。

自然溜进他们的耳朵,对着他们说着秘密的东西和爱恋的亲热话。他们在所有世人面前炫耀这些话,以此自吹自擂!啊,天地间有如此多的事物,而只有诗人们才让人梦到了一些关于它们的事情!

尤其在天上,因为所有的神都是诗人的比喻,都是诗人的骗局!

真的,它总是吸引着我们前去,也就是说去往那云彩的王国,我们把我们多彩的皮囊置于其上,然后把他们称为神与超人。

但如果他们轻盈到去坐这些云椅该多好啊!所有这些神与超人。

啊,我多么厌倦所有这些难以接近的、据说是彻头彻尾的大事件的东西啊!啊,我多么厌倦这些诗人啊!

当查拉图斯特拉这样说时,他的学生很生他的气,但他默不作声。查拉图斯特拉也保持沉默,他的眼睛转向内,就像是在看向远方。最后,他叹息,又吸了一口气。

我属于今天和从前,他说道,但在我的内心里有一些东西，它属于明天、后天以及将来。

我对诗人早已厌倦，不管是新诗人，还是旧诗人。对我来说，他们所有人都是表面的，是浅海①。

他们思考得不够深入，因此他们的感情从来没有深入根基。一点淫欲、一点无聊，就已是他们所作的最好的思考了。

所有他们弹出的竖琴的声响于我来说像是幽灵的气息，是幽灵的倏忽而过。迄今为止，他们又对这些声调的热情了解多少！

在我看来，他们也不够干净。他们所有人都搅浑水域，好让它看上去很深。

他们声称愿意当调解人。但在我看来，他们始终是中间人与搅和者，是半吊子，是肮脏的人！

啊，我曾在他们的大海里撒网，想捉些好鱼，但拖上来的却总是一个老上帝的头。

因此，大海给这位饥饿者一块石头。他们自己可能就来自大海。

确实，人们在诗人中发现珍珠，他们越来越像坚硬的甲壳类动物。在他们身上，我常发现的不是灵魂，而是咸的黏液。

他们也从大海那儿学到了虚荣，大海不是孔雀中的孔雀吗？

---

① 浅海：喻指"虽然大，但不深刻"。

即使在所有最丑陋的水牛面前，大海也要开屏，它可从不会对它那银色丝质的尖形扇状尾巴感到疲倦。

水牛倔强地望着，它的灵魂与沙子相近，与灌木丛更近，与沼泽最亲近。

对于水牛来说什么是美丽、什么是大海以及孔雀的装饰啊！我告诉诗人们这个比喻。

的确，你们的精神本身就是孔雀中的孔雀，是虚荣的大海！

诗人的精神想要有观众，难道让水牛当观众也行吗！

但我厌倦了这种思想，我看到，精神对自己感到厌倦的日子到来了。

我看到诗人已经在转变了，他们把目光转向自己。

我看到精神的忏悔者来了，那是从诗人中成长起来的忏悔者。

查拉图斯特拉这样说道。

在寂寞中重新开始

**最寂静的
时刻**

我的朋友们,在我身上发生了什么?你们看到我惊慌失措的样子,我被驱赶着向前,我并不情愿服从,却又准备好离开。哎呀,从你们这儿离开!

是的,查拉图斯特拉不得不又一次处于寂寞之中,但这一次,这头熊闷闷不乐地返回了它的洞穴!

在我身上发生了什么?谁下的命令?哎,我那愤怒的女主人想要这样,她曾对我这样说过。我向你们提过她的名字吗?昨天傍晚时分,和我说话的是我那最寂静的时刻——这就是我那可怕的女主人的名字。

然后事情就这么发生了。现在我必须告诉你们一切,我不愿意你们的心因为我这个突然的离别者而变得坚硬!

你们知道那入睡者的恐惧吗?

他的恐惧一直深入脚趾,他害怕,地面离他而去,而梦开始。

这是我给你们打的一个比方。昨天，在那最寂静的时刻，地面离去了，梦开始了。

指针挪动着，我的生命之钟在呼吸。我之前从未听到过如此的寂静，它们围绕着我，这让我的心惊恐不已。

这时候，它无声地对我说："查拉图斯特拉，你是知道的，是吗？"

我被这低语吓得叫出声来，顿时面无血色，但是我沉默着。

这时，它又无声地对我发话了："查拉图斯特拉，你是知道的，可是你就不开口！"

终于，我回应了，如同一个顽固的抵抗者："是的，我是知道，但是我不想谈这个！"

它又无声地对我说："查拉图斯特拉，你不愿意？这也是真的吗？你不要把自己藏在你自己的倔强里面！"

我哭泣着，像个孩子那样颤抖着说："哎，我曾经想这样，可是我怎么能做到呢！放过我吧，别让我做这个！这超出了我的能力！"

而它继续无声地对我说："查拉图斯特拉，你是怎么回事！开口说你的话，然后粉碎吧！"

我答道："哎，这是我的话语吗？我是谁呢？我在等待那更有价值的人,我就算为他粉身碎骨也不配。"

它又无声地对我说:"你是怎么回事?你对我还不够顺从。顺从有着最坚硬的皮。"

我回答道:"还有什么东西是我那顺从之皮不曾承受过的呢?我住在我的高山脚下,我的山峰有多高?还没有人告诉过我。可是我很了解我的山谷。"

我的心又无声地对我说:"噢,查拉图斯特拉,谁能够移动高山,谁也就移动着山谷和洼地。"

我回答:"我的言语还没有移动过高山,我说过的那些话也没有触及人类。我过去确实走向过人类,但是我还不曾到达过他们那儿。"

它又无声地对我说:"你知道这是为什么吗!只有在最寂静的夜里,露水才滴落在青草上。"

我回答:"当我找到了自己的道路并走在这条路上的时候,他们讥笑我。事实上,当时我的双脚在发抖。

"他们这样对我说:你之前忘记了这条路,现在你又忘记了行走!"

它又无声地对我说:"他们的讥讽与你何干!你是一个忘记了服从的人,现在你该发出命令!

"你难道不知道,是谁在为所有人做最必要的事情?就是那个指挥伟大事物的人。

"做伟大的事情是困难的,但是更困难的是指挥伟大的事情。

"你身上最不可原谅的地方就在于:你有力量,但是你却不愿意去统治。"

我回答:"我没有狮子的声调去向所有人发号施令。"

它又如耳语一样对我说:"正是最寂静的言语能够带来风暴,正是那些随着鸽子的脚步到来的思想操控着世界。

"噢,查拉图斯特拉,你应该像那必将来临之物的影子一样行进,这样你将会命令他人,并且一边发号施令,一边向前进。"

我回答:"我感到羞愧。"

它又无声地对我说:"你还得成为一个孩子,并且没有羞愧。

"你身上还残留着年轻人的骄傲,你很晚才变得年轻。但是,谁要是想成为孩童,他就还得克服他自己的年轻。"

我思索良久,浑身战栗。最终我却说出了我一开始说过的话:"我不愿意。"

这时,一阵大笑围绕着我响起。哎呀,这笑声是那样地撕扯着我的五脏六腑,又是那样地割裂着我的心!

我的心最后一次对我说:"噢,查拉图斯特拉,你的果实成熟了,但是和你的果实相比,你自己却还不成熟!

"因此,你必须再次回到寂寞之中,因为你还应该再遭受些折磨。"

它又笑了,然后逃离了。于是,我的周围静了下来,仿佛双倍的寂静将我包围。我却躺在地上,汗水顺着我的四肢涔涔而下。

"现在,你们听到了一切,听到了我为什么必须要回到我的寂寞之中。我的朋友们,我不曾对你们隐瞒什么。

"可是,你们从我这里听到了这些,从我这么个所有人中最缄默的、而且希望一直如此的人这里听到了这些!

"啊,我的朋友们!我还有些话想对你们说,还有些东西想给你们!为什么我不给呢?是因为我吝啬吗?"

当查拉图斯特拉说完这些话以后,痛苦的强力将他攫取,一想到和朋友们的分别近在眼前,他就放声痛哭,没人知道该如何安慰他。夜里,他独自离去,离开了他的朋友们。

夜半钟声
十二响

第一响!

哦,人啊,要小心啊!

第二响!

深沉的午夜正在诉说着什么?

第三响!

它说:我曾睡着,我曾睡着,

第四响!

现在我从深沉的梦中醒来:

第五响!

世界是深沉的,

第六响!

它比白天所曾想到的更加深沉。

第七响!

世界的痛是深沉的,

第八响!

快乐,它比悲伤更深沉。

第九响!

痛对快乐说:你消逝吧!

第十响!

但所有的快乐都想要永恒,

第十一响!

它们想要深沉的、深沉的永恒!

第十二响!

肯定之歌

如果我曾在自己的上方撑开一个宁静的天空,并且用我自己的翅膀飞入我自己的天空,如果我曾游戏般地在这深沉的光明和悠远(Licht-Ferne)中游弋,并且我的自由的飞鸟的智慧曾经到来。

于是,我的飞鸟的智慧这样说:"看!没有上方,没有下方,把自己投向四周吧,把自己抛出去、再把自己抛回来吧!你这个轻盈者!歌唱吧!别再讲话!

"所有的话语不是为沉重者而制作的吗?所有的话语都在向轻盈者撒谎!所以,你不要再说话!"

哦!我有什么理由不应该为这永恒、为这婚礼的环中之环、为这永恒的回归之环而激情澎湃呢?

我还没有找到那个我愿意跟她生孩子的女人,除非是那个我爱的女人。哦!永恒,我爱你!

因为我爱你,哦,永恒!

对高等人的克服

不在位的教皇

就在查拉图斯特拉和魔术师分开后不久,他又看到有人坐在他所行经之路的路边,那是一个黑黑的高个子男人,该男人有着一张瘦削的苍白的脸,他让查拉图斯特拉感到特别恼火。查拉图斯特拉心里念道:唉!那坐着一个伪装的悲伤的人,他让我觉得他是教士这类人,这些人想要在我的王国里干什么呢?

怎么会这样!我刚刚逃离了那个魔术师,难道还要再来一位魔术师来拦住我的去路吗?

那无非是某一个作法事的巫师,或者说是一个受上帝恩宠的昏暗的奇迹创造者,或者说是一个抹了圣油的世界诽谤者,愿魔鬼将他带走!

但魔鬼从来就不在他应该在的地方。这个该死的侏儒和跛子,在需要他的地方,他总是来得太晚。

查拉图斯特拉在心里不耐烦地咒骂着，思考着如何掉转自己的目光并且躲过这个黑黑的男人。但是，你看，事情并没有像查拉图斯特拉所设想的那样。就在查拉图斯特拉掉转目光的那一刹那，那个坐着的男人已经看到了查拉图斯特拉。他看到查拉图斯特拉，就像撞上了意外的幸福一般。他跳起来，走向了查拉图斯特拉。

他说："不管你是谁，你这个漫游的男人，帮帮一个迷路的人、一个找寻的人、一个老人吧！他在这里是很容易受到伤害的！

"这里的世界对我来说是陌生的和遥远的。我也已经听到野兽的嚎叫。那个曾经给我提供安全的人，现在他也已经不在了。

"我在寻找最后的虔诚的人，一个圣徒和隐士。他独自隐居在自己的森林里，不曾听到过在今天全世界的人都知道的事情。"

查拉图斯特拉问："全世界的人都知道了什么？是不是全世界的人都知道了那个全世界的人都曾经信仰的老上帝已经不在了？"

那个老人悲伤地答道："正如你所说！我曾服侍这个老上帝，直到他最后的时刻。

"但是现在我不在位了,没有了主人,但我并不自由。我现在没有欢乐的时光,我的欢乐的时光只存在我的记忆里。

"于是,我攀爬到这山里来,为了自己最终再搞一次庆典,就像一个老教皇或者教父所做的庆典那样。对了,我告诉你,我就是那个最后的教皇。我要搞一次虔诚的回忆的庆典、一次礼拜的庆典。

"但现在,那个最虔诚的人自己也已经死了,他就是森林里的圣徒,他曾不断用歌声和呢喃歌颂自己的上帝。

"当我发现他的小屋时,我再也找不到他本人了,但屋里有两匹狼,它们在为他的死而嚎叫,因为所有的动物都爱他。于是我逃离了。

"难道我就这样白白地来到这山里和这森林里吗?不,我不能就这样徒劳地来!于是我的内心决定,我要寻找另外一个人,那个所有不信上帝的人中最虔诚的人。我在寻找查拉图斯特拉!"

老人说了上面的话,然后用锐利的眼睛盯着站在自己面前的查拉图斯特拉。而查拉图斯特拉却抓住了教皇的手,并带着羡慕,长久地打量着这只手。

然后查拉图斯特拉说:"你看,你这个值得尊敬的人,这是多么美丽和修长的手啊!这是一个总是给别人分发祝福之人的手。但现在，这只手却紧紧地抓住了我，你正在寻找的查拉图斯特拉。"

"我就是那个没有上帝的查拉图斯特拉，"他现在正在说，"谁能比我更不相信上帝，以至于我甘愿受他的指导呢？"

查拉图斯特拉说了上面的话，用他的目光洞悉着老教皇的思想，以及他思想后面的思想。最终老教皇开口了：

"谁曾经最爱上帝，并曾拥有着上帝，谁也就最多地失去了上帝。

"因此你看，现在也许我是我们两个中那个更不信上帝的人。但是，谁能对此感到高兴呢？"

经过一段深深地沉默之后，查拉图斯特拉若有所思地问道："你一直服侍他到最后，你知道，他是怎么死的吗？人们传说，他是被同情窒息而死的，这是真的吗？

"他看到，人类是如何地被挂在十字架上，他不能忍受对人类的爱却成了人类的地狱，最后竟成了人类的死亡。这是真的吗？"

老教皇没有回答，而是带着痛苦和阴郁的表情胆怯地望向一边。

查拉图斯特拉始终盯着老人的眼睛，经过一段长长的沉思后，他说："让他去吧！

"让他去吧，他已经属于过去。你对他的死说的都是些好话，但这是否也让你值得尊敬，你心里知道，你和我一样心里都清楚，他是谁，以及他走了一条奇特的路。"

老教皇开朗地说："在你我之间，在三只眼睛所构成的私密空间里（因为老教皇瞎了一只眼睛），我愿说出心里话，在上帝的事情上，我比你查拉图斯特拉还开明。事情也应该是这样，因为我的爱侍奉了他很多年，我的意志完全依循着他的意志。一个好的仆人知道主人的一切，当然也知道一些他的主人所隐藏的事情。

"他是一个隐蔽的上帝，充满着秘密。真的，他得到一个儿子，但他得到儿子的方式却是偷偷摸摸的。在他信仰的门上却写着'通奸'二字。

"谁把这个上帝当作爱的上帝来称颂，谁就低估了爱自身。这个上帝不也是想作为法官而发挥作用吗？但是爱者的爱不是法官式的，它是超越赏和罚的。

"当这个来自东方的上帝年轻的时候，他是严厉和充满着复仇热情的，他建造了一个地狱来款待自己的热爱者。

"最后他（上帝）变得苍老、绵软、脆弱和富于同情，与其说他是一位父亲，还不如说他是一位祖父，但他最像的却是一位摇摇晃晃的老祖母。

"他坐在那里,枯萎无力,在一个有火炉的角落里,对自己的两条虚弱的腿感到痛苦。他对世界感到疲惫,他对意志感到疲惫,终于有一天,他因伟大的同情窒息而死。"

这时查拉图斯特拉插话说:"你这位老教皇,你是亲眼看到这一切的吗?事情可能是这样,但也可能不是这样。如果诸神死去,那么他们的死亡是多种多样的。

"但是好吧!这样或者那样、这样和那样,都无所谓了,他的时代已经过去了!对于我的眼睛和耳朵来说,他违反着我的品味。关于他的更糟糕的东西我就不想再说了。

"我爱一切眼神明亮和谈吐正直的人。但是他,你是知道的啊,你这个老教士,他身上有着你的行为方式,这也就是教士的行为方式。他的意义并不单一,他是多义的。

"他也是不清晰的。这个狂怒者,他为什么对我们大为生气?因为我们对他的理解很糟糕。但是他为什么不能把话讲得更加清晰和纯粹些呢?

"有人说,这是我们自己耳朵的问题!那么,他为什么给了我们有着这么糟糕的听力的耳朵?有人说,我们耳朵里有污垢,那么又是谁把这些污垢放进了我们的耳朵?

"这个陶匠[①],这个学艺不精、没有满师的陶匠,他做坏

---

① 陶匠:喻指上帝。

了太多的东西。但是,因为他自己做坏了这些东西,他却向自己的作品进行报复。这是一桩违反好品味的罪恶。

"其实在虔诚里也有着好品味,这个好品味终于说出这样的话:'离开这样的上帝!最好不要上帝,宁愿用自己的拳头创造命运,宁愿做一名傻子,宁愿自己是自己的上帝!'"

老教皇竖着耳朵听着,这时他说:"我听到了什么啊!哦,查拉图斯特拉,你带着自己的如此这般的无信仰,但是你比自己所以为的更加虔诚。是你内心的某个上帝使你皈依于你自己的无神论。

"难道不是你自己的虔诚让你不再信神的吗?如果你的正直超过了人们对其通常的理解,那么你的正直也将引导你超越善恶!

"但是,你看,你还剩下什么?你有眼睛、手和嘴巴。从远古以来,它们都是用来祝福的,这是预先决定的,人不是单单用手来祝福。

"在你的附近,尽管你自己愿意是那个最不信神的人,但是我还是闻到了隐蔽的庄严和幸福的味道,那是来自长久的祝福的味道。闻着这味道,我感到了舒适和痛苦。

"哦,查拉图斯特拉,让我成为你的客人吧!只是一夜的客人!现在,大地上任何一个地方都没有你这里舒适!"

查拉图斯特拉带着巨大的惊奇说:"阿门!事情应该这样!那条路,那条路通向查拉图斯特拉的洞穴!

"真的,你这个值得尊敬的人,我很乐意陪你到我的洞穴,因为我爱所有虔诚的人,但是现在一个急迫的呼喊在召唤我,让我赶快离开你。

"在我的领域里,我不让任何人受到损害。我的洞穴是一个很好的港湾。我最喜欢的就是让每一个悲伤的人用他稳固的腿站在最坚实的土地上。

"但是谁能拿掉你肩上的沉重的忧郁呢?我不能,对此我还太虚弱。真的,我们还要等很长的时间,直到有一个人重新唤醒你的上帝。

"那个老上帝已经不在了,他已经彻底地死了。"

查拉图斯特拉说了上面的话。

影子

就在那个自愿的乞丐刚刚离开,查拉图斯特拉又是一个人的时候,他听到他的身后有一个新的声音,这个声音喊道:"站住!查拉图斯特拉!我是,我是,哦!查拉图斯特拉,我是你的影子!"查拉图斯特拉并不停留,因为一个突然的烦恼侵袭了他,他觉得在他的山上充满着缠人的东西和太多的拥挤。

查拉图斯特拉说:"我的孤独哪里去了?真的,对我来说,这一切变得太过分了,山脉簇拥,我的王国不再属于这个世界,我需要新的山峰。

"我的影子在呼唤我吗?我的影子有什么重要的!就让它在那模仿我吧!而我——要逃离它。"

查拉图斯特拉对自己的内心说了以上的话,跑开了。但是,那个在他后面的家伙却紧紧地跟随着他。于是就产生了这样的场景:三个人一个跟着另一个地奔跑着,最前面的是那个自愿的乞丐,然后是查拉图斯特拉,第三个,也就是最后一个是他的影子。但是这样的奔跑的场景并没有持续太久,查拉图斯特拉发觉了自己的愚蠢,并且一下子抖落了自己身上所有的烦恼和厌恶。

查拉图斯特拉说:"怎么会这样!但是,在我们老隐士和圣徒那里难道不就发生过这样可笑的事情吗?

"真的,我的愚蠢已经在山中长高!现在我听到六条老傻子的腿在吧嗒吧嗒地向前奔跑!

"但是,查拉图斯特拉难道会害怕自己的影子吗?毕竟,我也觉得,影子的腿比我的腿更长。"

查拉图斯特拉说了这样的话,眼睛和内脏都笑了,他停下来，站定并很快地转了身。你看，朋友们，查拉图斯特拉的这个转身几乎把他的跟随者、这个影子给甩到了地上，因为这家伙跟得太紧，并且他也太虚弱了。当查拉图斯特拉用眼睛审视着这个跟随者，这个跟随者像被一个突然的幽灵吓到了一样。他看起来是那样的瘦、那样的黑、那样的空以及那样的衰老。

查拉图斯特拉冷不防地问道："你是谁？你在这干什么？为什么你把自己叫作我的影子？我不喜欢你！"

影子答道："原谅我吧！我就是这个样子。如果你不喜欢我，那好吧！哦！查拉图斯特拉！但我要颂扬你，以及你的好品味。

"我是一个漫游者，我跟着你的脚后跟已经走了很多路。我一直在路上，没有目标、没有家乡。真的，我和一个永恒的犹太人也相差不远，只不过我不永恒、也不是犹太人。

"但怎么会这样呢？我必须永远在路上吗？必须被每一种风卷起，并且不安定地随其飘荡吗？哦！大地，你对我来说，已经变得太圆了！

"我坐过任何表面，坐过任何可以坐的地方，像疲劳的灰尘一样我在镜子和玻璃上入睡。一切都从我这里索取，同时没有任何东西被给予我，于是我瘦得几乎像一个影子。

"哦！查拉图斯特拉，你可是我追随得最久长的人。我在你面前隐藏了起来，但是我是你最好的影子。你曾经坐过的地方我也坐过。

"我曾和你一起游历过最遥远、最冰冷的世界。我像一个幽灵，自愿地奔跑在冬日的屋顶和冰雪之上。

"我和你一起努力地进入过每一块被禁止的、糟糕的以及遥远的土地。如果说我身上有什么东西可以算作美德的话，那就是：我不害怕任何被禁止的东西。

"我和你一起打碎了我的内心曾经敬重的东西，推倒了所有的界石和打翻了所有的偶像。我曾追随那最危险的愿望。真的，我曾跨越过每一种罪恶。

"我和你一起荒废了对话语、价值以及伟人的信仰。如果魔鬼蜕皮，难道它的声名不也一块脱落了吗？声名也就是一张皮，魔鬼自身也许就是———张皮。

"我这样对我自己说：'没有东西是真的，一切都是允许的。'我跳进最冰冷的水，头和心一块儿跳进最冰冷的水。天啊！我是多么经常地立在那里，赤裸裸的，像一只红色的螃蟹。

"啊！一切善良、一切羞耻以及一切对善良的信仰对我来说都跑到哪里去了？我曾经拥有的虚假的无辜到哪里去了？善良的无辜,以及善良的高贵的谎言的无辜都到哪里去了?

"真的,我经常紧跟着真理的脚步,但真理却踩了我的头。有时,我以为我在撒谎,但是,你看,兄弟,我却触碰到了真理。

"在我这里,好多东西清晰了起来:现在没有什么东西和我相干了,我所爱的一切都不再活着。我该如何仍然爱着我自己呢?

"'如果我有乐趣,我就活着;如果没有了乐趣,就根本不去活。'我想要这样,最神圣的人也想要这样。但是,唉!我怎么样才能有乐趣呢?

"我还有一个目标吗?我还有一个我的帆船可以驶入的港湾吗?

"我还有好风吗?啊!谁知道,这风吹向何方;谁又知道,哪些风是好的,是适合你航行的风。

"我还剩下了什么呢?一颗疲劳而放肆的心,一个动荡不羁的意志,轻浮的翅膀,一个破碎的脊梁。

"对我的家乡的寻找,哦!查拉图斯特拉,你大概知道,这个对家乡的寻找吞噬了我。

"'哪里是我的家乡?'我询问,我寻找,我过去一直在找,但没有找到。哦!永恒的无处不在!哦!永恒的无处在！哦！永恒的白费工夫！"

影子说了上面的话，查拉图斯特拉听了这些话脸拉长了，最后，他带着忧伤说道："你确实是我的影子！

"你这个自由的精神和漫游者，你的危险不是一个小危险！你经历了糟糕的一天，你看，一个糟糕的晚上也正向你走来。

"如果你一直这样飘荡不羁，那么最后你会觉得，连住监狱都是非常幸福的。你没有看过监狱里的罪犯是如何睡觉的吗？他们安静地睡着，他们享受着自己新的安全。

"你要小心提防，因为这最后一个狭隘的信仰会困住你，这个狭隘的信仰是一个残酷的、苛刻的疯狂。那个狭隘且结实的东西会欺骗你、引诱你。

"你失去了目标。唉！你将如何用轻松（抑或痛苦）的方式摆脱这种损失呢？还有，你同样也失去了道路。

"你这个可怜的流浪者、狂热者，你这个疲倦的蝴蝶！今晚你想有一个休息的地方、一个安居的地方吗？那么你就到我的洞穴去吧！

"那边的一条路通向我的洞穴。现在我要赶快离开你，因为你已经像一个影子附在我身上。

"我要独自奔跑，这样我的周围会变得明亮起来。我还必须长久地享受奔跑的乐趣。夜晚,在我那里,人们要跳舞!"

查拉图斯特拉说了上面的话。

征兆

在这一夜后的次日早上,查拉图斯特拉从他的床上跳起,为自己束好腰带,从他的洞穴中走出,炙热并且强大,就像一轮早上的太阳,正从灰暗的群山中升起。

查拉图斯特拉说,就像他曾经说过的那样:

你这伟大的星体,你这深刻的幸福的眼睛,但是假如你没有了你所照耀的人们,你所有的幸福又会是什么啊!

他们待在他们的房间里,而此时你已经醒来,来赠予、来分发。如果情况是这样,你的自豪的羞耻心对此将会是多么的愤怒啊!

那好吧!就在我醒着的时候,这些高等人却还在睡觉。他们不是我合适的伴侣!我在这山中等待的并不是他们。

我要开始我的工作,我要开始我的白天,但他们却不懂我的早晨的征兆。我的脚步声,对他们来说,并不是唤醒他们的呼唤。

他们还在我的洞穴里睡觉,他们的梦还在我的午夜上咀嚼。他们的躯体里缺少耳朵,缺少那个听我说话的耳朵、那个倾听的耳朵。

查拉图斯特拉在自己的心中说了以上的话。当太阳升起的时候，他询问的目光望向天空，因为他听到了他头顶上的他的鹰的锐利的叫声。查拉图斯特拉向上空喊道："好啊！我的动物醒了，因为我醒了。这个我喜欢、这个称我意！

"我的鹰醒了，它像我一样敬仰太阳。它用它的鹰爪抓取那新的光明。你们是适合我的动物，我爱你们。

"但是，我还缺少适合我的人！"

查拉图斯特拉说了上面的话，这时他突然看到好像有无数的鸟蜂拥在自己的周围，围绕着自己上下翻飞。这么多鸟翅膀的震颤声和围绕着他的头部的吵嚷声是如此之大，以至于查拉图斯特拉闭上了眼睛。真的，这些蜂拥而来的鸟，就像一团云一样向他袭来，这些蜂拥而来的鸟就像一团射向一个新的敌人的云。但是，你看，这是一团爱的云，这是一团涌向一位新的朋友的云。

"在我身上发生了什么？"查拉图斯特拉怀着震惊的心思忖着，并慢慢地坐在他的洞穴出口旁的一块大石头上。但是，当他用自己的手上下左右驱赶这些温柔的鸟儿时，你看，我的朋友，查拉图斯特拉身上发生了更加稀奇的事情。他的手不知不觉地抓进了一团厚厚的、温暖的毛发里，同时，在他的面前响起一声吼叫——温柔而悠长的狮吼。

"征兆来了。"查拉图斯特拉说，并且他的心发生了变化。而且在事实上也是这样，当他面前变得明亮的时候，人们看见一只黄色的、强壮的巨兽就卧在他的脚边。巨兽的头紧贴着查拉图斯特拉的膝盖，由于爱，这头巨兽不愿意离开查拉图斯特拉。这头巨兽的行为就像一只重新找到自己主人的狗。怀着爱意的鸽子的热情一点儿也不比狮子少。每当一只鸽子飞掠狮子的鼻子时，狮子就摇着自己的头，惊奇着、笑着。

对所有这一切，查拉图斯特拉只说了一句话"我的孩子们近了，我的孩子们"，然后他又变得沉默。但是，他的心融化了，从他的眼中流出了泪水，泪水滴落在了他的手上。他不再关注任何事物，他坐在那里，一动不动的，也不再驱赶自己身边的这些动物们。这时鸽子们上下翻飞着，有的停落在他的肩上，爱抚着他的白发，温柔不尽，欢欣不断。而狮子却不停地舔着滴落在查拉图斯特拉手上的泪水，羞怯地低低地吼叫着。这时候，这些动物们的行为就是这样的。

这一切持续了很长一段时间，或者说很短一段时间，因为如果用恰当的话语表达，对于大地上的这样的事情是没有时间的。而就在这一段时间里，查拉图斯特拉洞穴里的高等人醒来了，他们排成了一个队伍，并向洞穴外的查拉图斯特拉走来，准备向他说早安，因为他们发现，当他们醒来的时候，查拉图斯特拉已经不在他们中间。当他们到达洞穴的门时，他们的脚步声先于他们飘出了洞外，这时，这头狮子受到了巨大的惊吓，他一下子离开了查拉图斯特拉，野蛮地吼叫着向洞口扑去。而这些高等人，当他们听到狮子的吼叫的时候，异口同声地尖叫起来，瞬间消失在了洞穴里。

查拉图斯特拉自己却是麻木和陌生的，他从他的座位上站起，环视着自己的周围，惊奇地立在那儿，叩问着自己的心，思忖着，孤零零的一个人。他慢慢地说："我听到了什么？在我身上刚才发生了什么？"

他的记忆很快回来了，他一望便理解了昨天和今天所发生的一切。"就是这块石头，"查拉图斯特拉捋着自己的胡须说，"昨天早上我坐在它上面，也就是在这里，那个预言者向我走来。也就是在这里，我首先听到了喊叫，我刚刚听到的喊叫，那声音很大的痛苦的喊叫。"

哦，你们这些高等人，昨天早上那个老预言家向我预言的就是你们的苦难。

这个老预言家想引诱我，把我诱拐到你们的苦难那里。他对我说："哦，查拉图斯特拉，我来就是为了把你引诱到你最后的罪恶。"

引向我最后的罪恶？查拉图斯特拉喊道，愤怒地嘲笑着自己的话。是什么作为我最后的罪恶保留了下来？

查拉图斯特拉再度陷入了沉思，又重新坐回到了那块大石头上，思考着。突然他跳了起来。

"我最后的罪恶是同情，对高等人的同情，"查拉图斯特拉喊道，他的面容变得像矿石一样，"好吧！这有它的时限！"

我的痛苦和同情——这里面有什么？我在追求幸福吗？我在追求我的事业。

开始吧！我的狮子来了，我的孩子们近了，查拉图斯特拉变成熟了，我的时刻到了。

这是我的早晨，我的白天升起了，向上，向上，你伟大的正午！

查拉图斯特拉说了上面的话，离开了自己的洞穴，炙热且强壮，像一轮早晨的太阳正从灰暗的山中升起。

编译后记

当时经过讨论，我得到的任务是编译一本尼采论幸福的书。拿到这个题目，我既有些兴奋，又有些担忧。兴奋的是，喜欢和阅读尼采已经有很多年了，但从来没有自己动手翻译过尼采的著作，也没有就尼采发表过什么论文，此次正是一个好机会，借编译之机深度阅读一番尼采。担忧的是，尼采的写作风格常常是格言式的，很少对一个主题进行集中的、条理化的长篇论述，要想在尼采的众多的著作中挑选出他对幸福的论述几乎是不可能的，况且按照此套丛书策划者和编辑者的要求，每一本书在形式上要基本一致，即每本书要有章节目录，要有标题，这更是难上加难了。

当时心里很纠结，这个编译任务对我来说成了"为之艰难、弃之可惜"的鸡肋，曾一度想过放弃。最后还是下定决心做下去。在我德国的朋友为我弄到了PDF版的尼采的德文全集后，我就开始了阅读和编译工作。尼采的德语一向受到德国人的赞赏，在这方面，他的成绩远远好于康德、黑格尔等哲学家，于是我也暗下决心不参看既有的汉译本和英译本，以免受到其他译者的理解和表述风格的影响，直接根据德文原文进行翻译，力图更好地展现尼采的语言风格和独特思想，但在实际编译过程也常有力有不逮处，于是不得不参看既有译本，在此向前辈译者表达我诚挚的敬意。此外，我觉得有必要提及的是，考虑到此套丛书所设定的目标读者，我也对很多表达进行了通俗化的处理，希望严肃的尼采研究者不要太苛责，在此对你们未来的原谅表示感谢。

呈现给各位读者的这本小书只涉及了尼采的四部著作：《快乐的科学》《瓦格纳事件》《偶像的黄昏：或怎样用锤子从事哲学》和《查拉图斯特拉如是说》。有心的读者也许会提出这样的问题，为什么偏偏是这几本书？我想，只要我没有从尼采的全部著作中进行编译，如是的问题总是可以被提出，比如，为什么没有编译尼采的那本书？首先，我对诸如此类的问题都表示感谢，因为疑问是"认真对待"的表现。付出过心血的书都希望被认真对待。但感谢完，问题仍是要回答的。其实，最主要的原因就是能力和精力问题。诚然，如果有更多的时间和精力，我肯定会把"尼采论幸福"这个主题编译得更好。改善是无止境的。

如果真要对为什么选编这四本书进行一些辩护的话，那么我想说的是，尼采的思想其实具有一种内在的一致性，这种一致性体现在他的每一部著作里。尼采的著作有一种"分形几何"的美，不一样蕴含在一样里，一样蕴含在不一样里。我们可以随意选取一本或几本尼采的书来阅读，同样可以比较完整地看到尼采的文化观、道德观、哲学观，当然也有其幸福观。因此，在这个意义上，这四本书对尼采的幸福观来说是有代表性的。对读者来说，当然也可以"窥一斑而见全豹"了。

我在《导言》里阐述了尼采的幸福观，希望读者在读这本小书时能得到一些思想上的启发和乐趣，能对幸福的思考变得更加活跃和宽广。尼采的思想不见得是"正确的"，但他的思想是有力量的，启迪了后来众多的伟大人物。

最后，向策划并邀请我参与此套丛书编译工作的黄博文先生、李晨昊先生、丛书主编苏德超教授，以及为本书的付梓奉献了辛勤汗水的出版社的诸位编辑老师致以诚挚的谢意！

包向飞

2021 年 5 月